JN443308

КАК ПРАВИЛЬНО СКАЗАТЬ, КАК УМЕСТНО ПОСТУПИТЬ

테마러시아어

니나 비노그라도바 지음

부산대학교 출판부

Н. В. Виноградова

КАК ПРАВИЛЬНО СКАЗАТЬ, КАК УМЕСТНО ПОСТУПИТЬ
Россия: правила реальной коммуникации

테마러시아어
러시아 : 실제적인 의사소통 하는 법

Предисловие
머리말

Данное пособие предназначено корейским студентам среднего и продвинутого этапа обучения, изучающим русский язык под руководством преподавателя вне языковой среды.

Целью пособия является, во-первых, развитие навыков говорения в области ежедневного общения на материале разговорной разновидности современного русского литературного языка, и во-вторых, предотвращение коммуникативных неудач не только в языке, но и в поведении корейского студента, который планирует поездку в Россию. В пособии даётся информация об особенностях жизни в современной России по сравнению с Кореей, о русских традициях и стереотипах поведения и о современном русском этикете.

В основу пособия положен тематический принцип. Оно состоит из 14 уроков, каждый из которых включает в себя систему диалогов, текстов, упражнений и коммуникативных заданий, направленных на укрепление и совершенствование навыков аудирования и говорения. Кроме традиционных тем, типа «Дом», «Семья», «Внешность», в пособие включены такие востребованные в наше время темы, как «Компьютер», «Телефон», «Религия», «Домашние питомцы». В конце каждого урока есть тесты на понимание изученного материала.

Мы надеемся, что такой подход к обучению сделает занятия эффективными и интересными. Желаем вам успехов!

Автор приносит искреннюю благодарность Ха Джуэ, Олесе Ким и Сим Сухён за перевод слов и выражений на корейский язык.

[의역]

본 교재는 중·고급 수준의 러시아어 실력을 갖춘 한국 학생들이 선생님의 지도하에 학습을 하는 경우 도움이 될 수 있도록 만들어졌습니다.

이 책의 목표는 현대 러시아 표준어 중 일상적으로 사용하지만 예외적인 표현들을 익힘으로써 의사소통을 원활히 하게 되는 것이고, 이후 러시아에 실제로 가게 됐을 때, 언어적이 소통 뿐만 아니라 문화의 장벽을 넘을 수 있도록 그 차이를 사전에 배우는 것입니다. 한국과 비교하여 현재 러시아 인들의 삶이 어떻게 다른지, 러시아의 전통문화와 전통적 삶의 방식은 어떠했는지, 그리고 현대 러시아 에티켓에는 무엇이 있는지에 대해 알리고자 하였습니다.

이 교재는 여러가지 테마로 구성되어 있습니다. 총 14개 과로 구성되어 있고, 각 과는 대화, 본문, 연습문제 그리고 각 과의 테마에 관해 듣고 말하는 것에 더 깊이 이해할 수 있게 하는 심화문제들로 구성되어 있습니다.

이 책에 담은 러시아어 공부에 대한 접근이 수업을 보다 효과적이고 재미있게 하기를 바랍니다. 모두들 러시아어 실력 향상에 성공하세요!

본 책에 수록된 단어와 표현을 한국어로 번역하는데 도움을 준 하주애, 킴알레샤, 심수현에게 깊은 감사를 표합니다.

ОГЛАВЛЕНИЕ

Урок № 1. Дом («В гостях хорошо, а дома лучше»)

제1과. 집 («집 떠나면 고생이다»)

Часть 1. Слова и выражения

Снима́ть кварти́ру (ко́мнату) 아파트를 임대하다

Сдава́ть кварти́ру (ко́мнату) 아파트를 빌려주다

Аге́нтство недви́жимости 부동산 사무실

Риэ́лтор 부동산 중개업자

Меня́ть кварти́ру 아파트를 바꾸다, 변경하다

Меня́ться 교체하다

Брать ипоте́ку (купи́ть кварти́ру в ипоте́ку (по ипоте́ке) 주택담보대출을 받다

Ипоте́чный креди́т 주택 담보대출

Реша́ть кварти́рный вопро́с 거주문제를 해결하다

Мы это не потя́нем 우리는 이것을 감당할 수 없다

Брать креди́т 대출받다

Переезжа́ть на но́вую кварти́ру 새 아파트로 이사하다

Новосе́лье 집들이

Дава́ть беспла́тное жильё 거주지를 무료로 제공하다

Стоя́ть в о́череди 줄 서다

Устана́вливать, что… ...을 결정하다

20 квадра́тных ме́тров на челове́ка 한사람당 20 평방미터

Прове́тривать 환기시키다

Тишина́ 침묵

Защища́ть от шу́ма 소음을 방지하다

Экологи́чески чи́стый райо́н 환경이 깨끗한 지역

Краси́вый вид из окна 창밖의 아름다운 풍경

Подзе́мный па́ркинг 지하 주차장

Дороги́е кварта́лы 고급아파트

Эли́тный дом 럭셔리한 집

«Спа́льный» райо́н 침상지역(‘침상도시’와 같은 역할을 하는 지역)

Обы́чные лю́ди 보통 사람들

Разъезжа́ться 여기저기로 떠나다

Жильё 거주

Досту́пный 근접하기 쉬운

Прави́тельство Москвы́ 모스크바 정부

Жили́щное строи́тельство 주택건설

Коммуна́льные услу́ги 자치단체

Одноко́мнатная кварти́ра (одну́шка) 원룸

Двухко́мнатная кварти́ра (дву́шка) 투룸

Трёхко́мнатная кварти́ра (трёшка) 방 3칸짜리 집

За́городный дом 별장

Котте́дж 시골집, 교외의 작은집

Но́вая Москва́ 새로운 모스크바

*территория Подмосковья на Юго-Западе Московской области, которая недавно была присоединена к Москве, в результате чего площадь Москвы увеличилась почти в два раза

*남서쪽에 위치한 모스크바 근교지역을 일컫는데, 이곳은 최근에 모스크바로 편입된 지역으로, 편입이후 모스크바의 면적이 약 2배정도 늘어나게 되었다.

Котте́джный посёлок 교외의 마을

Здоро́ваться за руку че́рез поро́г 문턱을 넘지 않고 악수하다

Хоро́шая/плоха́я приме́та 좋은 /나쁜 징조

Обы́чай 풍속

Тради́ция 전통

Хрущёбы(Трущёбы + Хрущёв) Хрущёв 당시에 지은 아파트지역(재개발 대상, 낡은 아파트)

Часть 2. Диалоги.

1. – Где ты будешь жить? В общежитии?
   – Нет. Я хочу снять квартиру недалеко от университета, чтобы не тратить много времени на дорогу.
   – А ты знаешь, что это 1000 долларов в месяц как минимум.
   – Так дорого? Ну, тогда сниму комнату. Только рядом с метро. Это даже лучше, потому что можно с хозяйкой говорить по-русски.
   – У меня есть знакомые, которые сдают комнату. Хочешь, дам телефон?

2. – Привет, что ты здесь делаешь?
   – Привет, я ищу агентство недвижимости. Ты понимаешь, моя жена хочет, чтобы мы поменяли нашу однушку. И район ей не нравится, и до работы далеко. Полтора часа на метро.
   – А ты сам хочешь меняться?
   – Нет, я привык к старому месту. Но главное, чтобы она была довольна.

– Слушай, может быть, лучше взять ипотечный кредит и кардинально решить жилищный вопрос?

– Нет, сейчас мы это не потянем. Это нам не карману.

.

3. – Вы слышали новость? Ивановы переезжают на новую квартиру.

– Да что вы? Неужели! Всё-таки они получили квартиру бесплатно.

– Да, они стояли в очереди десять лет. И вот скоро новоселье. В следующую субботу.

– Интересно, а я думал, что сейчас бесплатное жильё уже не дают. Ну и как квартира? Хорошая?

– Не очень! Так себе... Двушка в новой Москве, до центра добираться неудобно и долго.

Часть 3. Текст

ДОМ

Многие люди мечтают о хорошей квартире. Какой она должна быть? Сколько квадратных метров нужно человеку, чтобы чувствовать себя комфортно? Чем больше, тем лучше? Современные учёные установили, что нужно от 40 до 60 квадратных метров на человека. А комнат в квартире должно быть по формуле N + 1, то есть количество членов семьи плюс ещё одна комната. Есть пословица: «В квартире, где мало солнца, часто бывает врач», то есть в квартире должно быть много света. Хорошо также, чтобы в квартире было не менее 18 градусов тепла. Чистота – это обязательно! Сделайте комнаты просторными, выбросите старую мебель и вещи, которыми вы не пользуетесь! Каждый день проветривайте комнаты, чтобы дома всегда был свежий воздух! Тишина – это тоже необходимое условие хорошей квартиры. Чтобы защитить жильё от шума, можно сделать специальные стены и окна. Очень хорошо, если квартира находится в экологически чистом районе. Ещё очень важно, чтобы был красивый вид из окна. Некоторые думают, что в доме обязательно должен быть подземный паркинг.

В России, особенно в Москве и Петербурге, сейчас есть дорогие кварталы, где строятся элитные дома для богатых, например, все знают Рублёвку на западе от Москвы. Но есть и много «спальных» районов, где живут обычные люди. Известно, что в Москве сейчас не так много доступного жилья. Правительство Москвы хочет, чтобы хороших квартир стало больше. На окраинах Москвы и на территории Новой Москвы ведётся жилищное строительство. Можно взять кредит и купить квартиру в ипотеку, но для многих молодых семей новое жильё всё ещё недоступно. Некоторые так и живут с родителями, потому что не могут разъехаться.

Часть 4. Упражнения

А) Интенции

Выражение уточнения

У НАС ЕСТЬ СОБСТВЕННЫЙ ДОМ. ЗА ГОРОДОМ.

Пренебрежительная оценка

НЕ ОЧЕНЬ! ТАК СЕБЕ!

НИЧЕГО! ТАК СЕБЕ!

Б) Лексика и грамматика

Предложения с союзами ЧТО, ЧТОБЫ

МНОГИЕ (из них) и МНОГО (кого/чего)

Антонимы ЗДЕСЬ-ТАМ, СЮДА-ТУДА, НАЛЕВО-НАПРАВО, ВВЕРХ-ВНИЗ, СПРАВА-СЛЕВА, ВПЕРЕД-НАЗАД.

Упр. 1. Выпишите из текста «Дом» антонимы для данных слов и выражений.

Чувствовать себя неудобно – ....

Светло – ....

Грязь – ....

Тесная комната – ....

Шум – ....

Экологически неблагополучный район – ....

Плохой вид из окна ....

Надземный паркинг ....

Недоступное жильё ....

Съехаться ....

Упр. 2. Уточните значение предложений. Запишите полученные высказывания.

Образец: *– У нас **в центре** есть квартира.*

*– У нас **в центре** есть квартира. **Около Кремля**.*

Словосочетания для справок: НА АВТОБУСЕ, НА ТВЕРСКОЙ, В КОТТЕДЖНОМ ПОСЁЛКЕ, В ЭКОЛОГИЧЕСКИ ЧИСТОМ РАЙОНЕ, РУКОЙ ПОДАТЬ, МНЕ НЕ ПО КАРМАНУ.

단어 보기) 버스로, 트베르스까야에서, 별장촌에서, 환경적으로 깨끗한 지역에, 엎어지면 코닿을 곳에, 살 형편이 안된다.

1. До работы я еду **больше часа**.

…………………………………………………….

2.Мы живём в **десятиэтажном** доме.

…………………………………………………….

3. Снимать квартиру **очень дорого**.

…………………………………………………….

4. Наша квартира **хорошая**.

…………………………………………………….

5. До дома совсем **близко**.

…………………………………………………….

6. Они купили квартиру **далеко от центра**.

…………………………………………………….

Упр. 3. Выразите высокую и пренебрежительную оценку с помощью выражений. ЗДОРОВО! ОТЛИЧНО! и НИЧЕГО! ТАК СЕБЕ! НЕ ОЧЕНЬ! ТАК СЕБЕ.

Образец: *– У них хороший дом?*

– Так себе. Всего 50 квадратных метров. Места мало!

1. Тебе понравилось новоселье?

.... Было очень весело!

2. Хорошая у них квартира?

.... Она на первом этаже. Неудобно.

3. Хороший у них район?

.... Далеко от центра.

4. Интересно было там?

.... Мыло много хороших друзей.

5. Хороший у них вид из окна?

.... Рядом высокое здание, оно всё закрывает.

6. Вам нравится жить в общежитии?

.... Сосед по комнате ночью мешает мне спать.

Упр. 4. Измените предложения по образцу. Запишите полученные предложения.

Образец: *В доме два этажа.*

Это двухэтажный дом.

В квартире три комнаты.

Это трёхкомнатная квартира.

1. В загородном доме три этажа.

....

2. В квартире одна комната.

....

3. В доме пять этажей.

....

4. В квартире две комнаты.

....

5. В доме девять этажей.

……………………………………………

6. В квартире пять комнат.

……………………………………………

Упр.5. Измените предложения, используя союз ЧТОБЫ. Обратите внимание, что после союза ЧТОБЫ глагол всегда стоит в прошедшем времени. Запишите полученные высказывания.

***Образец**: Он предложил мне купить квартиру*

*Он предложил мне, **чтобы** я купил квартиру*

1. Они советуют мне взять ипотеку.

………………………………………………………

2. Иван попросил меня снять комнату для него.

………………………………………………………

3. Хозяйка требует у него освободить квартиру.

………………………………………………………

4. Родители предложили нам разъехаться.

………………………………………………………

5. Мои родители уговаривают меня переехать в другой район.

………………………………………………………

6. Анна просит мужа купить загородный дом.

………………………………………………………

Упр.6. Измените предложение со значением факта на предложение со значением просьбы или необходимости. Используйте союз ЧТОБЫ. Запишите полученные высказывания.

Образец: *Важно, что у вас есть квартира*

*Важно, **чтобы** у вас была квартира*

1. Он сказал, что его друзья купили новый коттедж в новой Москве.

…………………………………………………………

2. Хорошо, что у них есть четырёхкомнатная квартира.

…………………………………………………………

3. Она напомнила, что мы заплатили за комнату.

…………………………………………………………

4. Моя сестра мечтала, что у нас есть свой дом.

…………………………………………………………

5. Главное, что правительство Москвы хочет строить новые квартиры.

…………………………………………………………

6. Иван сказал, что они нашли агентство недвижимости.

…………………………………………………………

Упр.7. Замените наречия антонимами.

Слова для справок: ЗДЕСЬ-ТАМ, СЮДА-ТУДА, НАЛЕВО-НАПРАВО, ВВЕРХ-ВНИЗ, СПРАВА-СЛЕВА, ВПЕРЁД-НАЗАД.

***Образец*:**

***Здесь** я живу.*

***Там** я живу.*

1. Я часто бываю **там**.
2. Идите **сюда**.
3. **Справа** от дома большой банк.
4. Куда вы? Идите **налево**!
5. Нужно идти **вниз** по лестнице.
6. Вам надо доехать до метро, а потом пройти немного **вперёд**.

Упр. 8. Прочитайте предложения. Вместо точек вставьте ВСЕ, МНОГИЕ, НЕКОТОРЫЕ, МНОГО, МАЛО, НЕСКОЛЬКО.

1. В Москве есть .... экологически чистых районов.
2. .... люди хотят иметь хорошую квартиру.
3. В России есть .... жилищных проблем.
4. У .... людей есть элитное жильё.
5. В Москве и Петербурге .... дорогих кварталов, где строятся элитные дома для богатых.
6. .... думают, что в доме обязательно должен быть подземный паркинг.

Упр. 9. Прочитайте слова, данные в таблице, заполните третий столбик, не пользуясь словарём.

Русский язык	English	Корейский язык
вешалка	hall-stand	
картина	picture	
ковёр	carpet	
кожаный диван	leather sofa	
люстра	chandelier	
мебель	furniture	
подушка	pillow	
скатерть	tablecloth	
штора	curtain	
уют	cosiness	

Упр. 10. Пользуясь словами из Упр. 9, составьте рассказ о доме, в котором вы хотели бы жить.

Я считаю, что .... - это главное. Поэтому я куплю новую .... В коридоре будет стоять .... На полу должен лежать ...., а на окнах висеть .... На потолке должна висеть красивая ...., а на стене - .... известного хожника. На .... должны лежать мягкие ...., а на столе - ....

Часть 5. Аудирование

1. Слушайте диалоги, выберите правильный вариант ответа.

1	Кто с кем разговаривает?	А) профессор со студентом Б) босс с сотрудником фирмы В) друзья-студенты друг с другом
2	Кто хочет взять кредит на покупку квартиры?	А) жена Максима Б) подруга Максима В) родители Максима
3	Ему не нравится жить на 25-ом этаже, потому что...	А) часто не работает лифт Б) он боится высоты В) он боится плохих соседей
4	Марина забыла, куда она положила...	А) деньги Б) паспорт В) ключи
5	Парень и девушка жили....	А) у родителей Б) в съёмной квартире В) в квартире парня
6	Он хотел купить.....	А) виллу в Испании Б) дачу под Москвой В) дачу под Петербургом

1) – Иван, извини, но ты не прав! Ты хочешь снимать квартиру в центре?
   – А что делать, Денис? Дорого, конечно, но зато удобно, и до университета 5 минут пешком.

2) – Максим, я тебя видела вчера около банка.

– Да, я оформлял ипотечный кредит, хочу, наконец, решить проблему жилья.

– А жена не против?

– Это вообще её идея!

3) – Я слышал, вы переезжаете?

– Да, наконец, мы нашли хороший вариант, на втором этаже.

– А почему на втором? Я всегда завидовал тебе: с двадцать пятого этажа открывается такой прекрасный вид!

– Ну что ты! Я боюсь жить так высоко!

4) – Антон, помнишь, я утром бегала по квартире с радостным криком: «Ура! Я, наконец, нашла ключи!!!»

– Нуда,Марина,помню…

– Ты не видел, куда я их после этого положила?

5) Познакомилась с парнем, через месяц решили жить вместе, снимали квартиру напополам… через год узнала, что квартира его…

6) Я собрал денег. Хотел купить дачу под Москвой. Не хватило. Пришлось купить виллу в Италии.

2. Диалог – ваша реплика.

– Её муж говорит, что самое главное в новой квартире – это вид из окна.

– ....

– Привет! А мы переезжаем в экологически чистый район.

– ....

– ....

– Куда я еду? Я еду в агентство недвижимости к знакомому риэлтору.

– .....

– Извините, но мне сейчас некогда.

3.Ситуация – ваше начало диалога.

1) У вас есть брат, он уже женат. Его жена мечтает о новой квартире.

....

....

....

....

....

2) Вы не хотите жить вместе с родителями.

....

....

....

....

....

Часть 6. Говорение

1. Разыграйте шуточные диалоги. Задайте вопросы.

А)

– Любимая, мы теперь будем жить в дорогой квартире.

– Милый! Наконец-то ты решил купить хорошую квартиру!

– Нет, просто опять подорожали коммунальные платежи.

Вопросы.

1) Муж и жена остаются в старой квартире или переезжают в новую?

2) А что изменилось?

Б)

– Наверное, уроки игры на фортепьяно для твоей дочери стоили очень дорого?

– Наоборот! Благодаря этим урокам я купил соседнюю квартиру за полцены.

Вопрос.

1) Почему он купил соседнюю квартиру за полцены?

2. Выполните задание.

1) Вы в агентстве недвижимости. Вам нужно снять квартиру в центре Москвы. Составьте, запишите и разыграйте возможный диалог с риэлтором.

………………………………………………………………………………

………………………………………………………………………………

2) Идея – ваше мнение. Прочитайте высказывания, данные ниже, выскажите своё мнение.

Если жить в Петербурге, то только в центре.
Дом должен нравиться не только хозяевам, но и друзьям и соседям.
Ипотека – это единственный способ улучшить жилищные условия.
Спальный район ... Почему бы и нет?

Часть 7. Тесты

1. Скажите «да» или «нет»

1) Русские, входя в квартиру, меняют обувь: снимают уличную и надевают домашнюю (да-нет)

2) Русские мужчины всегда снимают головной убор, когда входят в квартиру. (да-нет)

3) В Москве не решена проблема жилья.(да-нет)

4) В Петербурге квартиры дороже, чем в Москве (да-нет)

5) Иностранец может купить себе квартиру в любом городе России. (да-нет)

6) В России летом всегда примерно на месяц отключают горячую воду. (да-нет)

7) В Москве дешёвые коммунальные услуги. (да-нет)

8) Раньше в каждой квартире у русских на стене висели ковры. (да-нет)

9) Входя в квартиру к русским, можно здороваться за руку через порог. (да-нет)

10) На новоселье первой в новую квартиру пускают кошку. (да-нет).

2. Ответьте на вопросы.

1) Правда ли, что в квартире у русских нельзя свистеть? Почему?

러시아인들은 아파트에서 휘파람을 불지 않는다는게 사실일까요?

2) Почему многие многоквартирные дома, построенные в России в 60-ые –70-ые годы, называются «хрущёбами»?

60,70년대 고층 아파트들을 왜 «хрущёбы» 라고 부르나요?

3) Что такое Новая Москва?

«Новая Москва (새로운 모크스바)»은 무엇인가요?

4) Что такое «дом на Рублёвке»?

«Дом на Рублёвке (루블료프까의 집)»은 무엇인가요?

Урок № 2. Семья («С милым рай и в шалаше»)

제2과. 가족 (사랑하는 사람과는 날림집이라도 천국이다)

Часть 1. Слова и выражения

Ро́дственники (родны́е) 친척

Мно́гие ру́сские же́нятся ра́но 많은 러시아인들은 일찍 결혼한다

Заводи́ть дете́й 아이를 돌보다

Жить для себя́ 자신을 위해 살다

Серьёзный шаг в жи́зни 인생에서 중요한 첫걸음

Торопи́ться с чем 서두르다

Обеспе́чивать семью́ 가족을 부양하다

Ну и что́? 그래서 뭐?

Забо́та о старика́х 노인에 대한 보살핌

Никуда́ не де́нешься 어쩔 수 없다

Ворча́ть 불평하다

Жа́ловаться 한탄하다, 불평을 말하다

Конфликтова́ть 분쟁을 일으키다

Сове́т да любо́вь! 결혼할때 축하해주는 말 (오손도손 살아라 라는 말)

Пу́таться 뒤죽박죽 되다, 혼란하다

Свекро́вь 시어머니

Неве́стка 며느리

Жени́х 약혼자

Неве́ста 약혼녀

Те́рмины родства́ 친족관계용어

Золо́вка 시누이

Де́верь 남편의 형, 아주버님

Шу́рин 처남

Тёща 장모님

Зять 사위

Анекдо́т 일화

Идеа́льная семья́ 모범적인 가족

Уважа́ть 존경하다

По́льзоваться уваже́нием 인정받고 있다

Передава́ть свой о́пыт 자신의 경험을 알려주다, 전해주다

Глава́ семьи́ 가장

Член семьи́ 가족의 일원

Игра́ть роль 역할을 하다

Обеспе́чивать основно́й дохо́д 수입을 책임 지다

Счита́ть свои́м до́лгом 자신의 의무로 여기다

Стреми́ться 노력하다

Воспринима́ть 받아드리다

Отклоне́ние от идеа́ла 이상을 벗어나다

Разводи́ться 이혼하다

Разво́д 이혼

Гражда́нский брак 혼인 신고 하지 않고 사는 부부

Непо́лная семья́ 결손가정

Внебра́чные де́ти 내연관계에서 낳은 아이

Алиме́нты 양육비

Станови́ться привы́чным я́влением 익숙하게 된 현상이다
Осужда́ть 비판하다
Вызыва́ть осужде́ние 비판을 초래하다
Дели́ться семе́йными пробле́мами 가족의 문제를 이야기 하다
Име́йте в виду́, что... 염두해 두세요
При́нято/ не при́нято + inf 일반적으로 한다/일반적으로 하지 않는다
Проявля́ть инициати́ву 주도하다
Позо́р 수치
Обруча́льное кольцо́ 약혼반지

Часть 2. Диалоги

1. – Иван, у вас большая семья?
 – Да, большая. Мои родители ещё живы. У меня есть старшая сестра, детей – двое, и у жены много родственников.
 – Значит, если в русской семье двое детей, это много?
 – Это нормально. А сейчас и один ребенок – это уже хорошо. Молодые семьи не торопятся заводить детей.
 – У нас в Корее тоже. В основном из-за денег.
 – Что, тоже финансовые проблемы?
 – Да, и ещё многие хотят сначала пожить для себя.
 – Не может быть! А я думал, что это только в России. Многие русские женятся рано. Некоторые в это время ещё учатся. А как у вас в Корее?
 – В Корее? Для нас женитьба это очень серьёзный шаг в жизни. Мы не торопимся с этим. Молодые люди женятся, только когда могут обеспечить семью. А девушки стараются до замужества закончить университет.

– Неужели? Не может быть! А зачем? Корейские жёны - в основном домохозяйки.

– Ну и что? Все хотят иметь образованную жену. Детям нужна хорошая мать. Вот девушки и стараются получить образование.

2. – Господин Ким, расскажите мне о своих родителях!

– Мои родители? Отец уже умер. Мама живёт вместе с нами, ведь я – старший сын. У нас забота о стариках – это обязанность старшего сына.

– А мои - оба на пенсии, живут отдельно от нас. Знаете, у нас обычно старшее поколение старается не зависеть от детей.

– Надо же! А если кто-нибудь заболел?

– Ну, в этом случае, конечно, дети помогают. Берут к себе, если нужно. Но обычно это делает дочь. Вот когда у моей жены умер отец, мы взяли тёщу к себе. Теперь она живёт с нами. Никуда не денешься… Не могу сказать, что мне это очень нравится. Она вечно ворчит и жалуется. В общем, всегда мной недовольна.

– Странно! Не может быть! А в Корее обычно свекровь конфликтует с невесткой.

3. – Ты куда?

– Я еду к двоюродной сестре. Представляешь, сегодня у неё свадьба.

– Поздравляю! А сколько же ей лет? Она, по-моему, очень молодая.

– Ей? Да ей уже двадцать восемь!

– Сколько? Двадцать восемь? А я думал, что ей лет двадцать, не больше.

– А сколько лет жениху?

– Он родился в январе 1983 (восемьдесят третьего) года, значит через два месяца ему исполнится тридцать лет.

– Совет да любовь!

4. Смотрите на схему русских терминов родства, читайте диалог.

– Вы знаете русские термины родства?

– Нет, я вечно в них путаюсь. Вот, например, свекровь – мать мужа, племянник – сын брата или сестры, это все знают. Тёща, зять – это тоже понятно. Про них есть много анекдотов. А кто такая золовка? Или шурин?

– Золовка – это сестра мужа. Деверь – брат мужа, а сама молодая жена по отношению к родителям мужа - сноха для свёкра (отца мужа) и невестка для свекрови (матери мужа).

– Как сложно! И всё-таки кто такой шурин?

– Шурин – это брат жены. Теперь запомнили?

Часть 3. Текст

РУССКАЯ СЕМЬЯ

У русских есть традиционное представление об «идеальной семье»: муж – глава семьи, он зарабатывает деньги и обеспечивает семью; жена воспитывает детей и подчиняется мужу. Вся семья живёт дружно, дедушки и бабушки помогают воспитывать внуков. Младшие члены семьи уважают старших, старшие - передают свой опыт младшим.

Однако в реальной жизни русские спокойно воспринимают значительные отклонения от идеала. Развод, гражданский брак, неполная семья, внебрачные дети, алименты уже давно стали привычным явлением. Люди не осуждают это. Последнее время считается нормальным, если жена зарабатывает больше мужа. Почти все замужние женщины работают, а не сидят дома. Многие из них делают карьеру. Все молодые семьи стремятся жить отдельно. Некоторые дедушки и бабушки отказываются принимать активное участие в воспитании внуков. Родители могут не помогать взрослым детям материально.

У каждого русского в смартфоне есть фотографии родных. Если вы начнёте говорить о своей семье, то встретите живой интерес. Русские обсуждают свои семейные дела с окружающими. Они могут поделиться семейными проблемами с коллегами по работе.

Однако имейте в виду, что у русских не принято задавать прямые вопросы типа: «Сколько вам лет?», «У вас есть семья?», «Вы женаты?» «Вы замужем?», «У вас есть дети?». Обычно говорящий сам проявляет инициативу и рассказывает о себе. Спрашивать же считается неудобным.

С 2008-го года в России существует специальный праздник - День семьи, любви и верности. Он отмечается 8 июля в честь православных святых Петра и Февронии.

Часть 4. Упражнения

А) Интенции

Выражение удивления

НЕ МОЖЕТ БЫТЬ! НЕУЖЕЛИ! НАДО ЖЕ!

Переспрос

– У меня три брата.

– СКОЛЬКО-СКОЛЬКО? ТРИ?

Б) Лексика и грамматика

Выражение времени

КОГДА?

В КАКОЙ ДЕНЬ НЕДЕЛИ?

КАКОГО ЧИСЛА?

В КАКОМ МЕСЯЦЕ?

В КАКОМ ГОДУ?

Употребление временных конструкций со словами МИНУТА, ЧАС, ДЕНЬ, НЕДЕЛЯ, МЕСЯЦ, ГОД

Сколько времени они женаты?	Они женаты ДВА ГОДА.
Когда они поженились?	Они поженились ДВА ГОДА НАЗАД.
Когда они разводятся?	Они разводятся ЧЕРЕЗ МЕСЯЦ.

Употребление ВСЕ - МНОГИЕ (из них) - НЕКОТОРЫЕ (из них)

Упр.1. Читайте предложения. Выражайте удивление с помощью конструкций НЕУЖЕЛИ? НАДО ЖЕ? НЕ МОЖЕТ БЫТЬ?

Записывайте ответную реплику диалога

***Образец**: – У них уже три сына. Представляете (ешь)?*

– Неужели?

1. Петр Иванович вышел на пенсию. Представляете?

………………………………………………

2. Они развелись на прошлой неделе. Представляете?

………………………………………………

3. У Марины завтра свадьба. Представляешь?

………………………………………………

4. У них вчера умер дедушка. Представляете?

………………………………………………

5. Ей уже тридцать пять лет. Представляешь?

………………………………………………

6. Моя племянница выходит замуж. Представляете?

………………………………………………

Упр. 2.Читайте предложения. Оформите переспрос-удивление по образцу. Запишите ответную реплику диалога.

***Образец**: – Он был женат **три** раза.*

*– **Сколько?! Три?!** Не может быть!*

1. У русских ОДИН ребенок – это уже хорошо.

…………………………………………………

2. Молодые семьи не торопятся ЗАВОДИТЬ ДЕТЕЙ.

…………………………………………………

3. Корейские жёны в основном ДОМОХОЗЯЙКИ.

…………………………………………………

4. После смерти тестя он взял тёщу К СЕБЕ.

…………………………………………………

5. В России РАЗВОД – это обычное дело.

…………………………………………………

6. У неё ВНЕБРАЧНЫЙ ребенок.

…………………………………………………

Упр.3. Прочитайте предложения. Обратите внимание на произношение чисел и употребление временных конструкций.

1. Он родился 16 ноября 1965 года.

2. 4 февраля у них родился сын.

3. Родители поженились 30 июня 1989 года.

4. В январе ему исполнится 10 лет.

5. Через два года у них будет золотая свадьба.

6. Три года назад Анна развелась с мужем.

Упр. 4. Узнайте у своего партнера, когда родился он и члены его семьи. Вы не можете задавать вопрос КОГДА. Используйте вопросы КАКОГО ЧИСЛА…? В КАКОМ МЕСЯЦЕ…? В КАКОМ ГОДУ…? Запишите и разыграйте полученные диалоги.

....

....

....

....

....

Упр. 5. Прочитайте предложения, вставьте вместо точек ВСЕ, МНОГИЕ, НЕКОТОРЫЕ в нужном падеже.

1. .... девушки мечтают удачно выйти замуж. .... из них хотят работать, а не сидеть дома. .... хотят сделать карьеру и зарабатывать больше мужа.

2. .... любят музыку, ... нравится K-pop, а .... – классическая музыка или New Age.

3. В наше время почти у .... есть семья.

4. .... корейские семьи очень дружные.

5. .... молодые семьи в России стремятся жить отдельно, а .... удобнее жить с родителями.

6. .... бабушки не хотят каждый день сидеть с внуками, им больше нравится отдыхать или ходить в кино.

Упр. 6. Прочитайте предложения, вставьте вместо точек подходящие выражения, данные в скобках. Различайте МНОГО и МНОГИЕ.

1. В Корее есть .... (многие дружные семьи /много дружных семей).
2. В России есть .... (многие молодые семьи /много молодых семей), которые хотят жить отдельно.
3. У русских есть (многие анекдоты / много анекдотов) про тёщу и зятя.
4. .... (многие анекдоты / много анекдотов) про тёщу и зятя очень смешные.
5. У Ивана есть .... (многие родственники / много родственников) в России.
6. .... (многие из них / много из них) живут в Петербурге.

Упр. 7. Составьте и запишите пары синонимов и синонимичных выражений.

Родственники, жить отдельно, конфликтовать, трудности с деньгами, главный доход, рассказывать о семейных проблемах, родные, гражданский брак, жить самостоятельно, основной доход, мама и папа, смешная история, родители, ссориться, анекдот, делиться семейными проблемами, финансовые проблемы, неофициальный брак.

....

....

....

....

Часть 5. Аудирование

1. Слушайте диалоги, выберите правильный вариант ответа.

1	Кто с кем разговаривал?	А) мама с сыном Б) бабушка с внуком В) девушка с другом
2	Кто с кем разговаривал?	А) зять с тёщей Б) шеф с сотрудником В) жена с мужем
3	Кто с кем разговаривал?	А) дедушка с внуком Б) муж со своим другом В) дедушка со своим другом
4	Встреча была...	А) в пятницу на прошлой неделе Б) в пятницу на этой неделе В) в пятницу на будущей неделе
5	Они познакомились.... *Когда это было?*	А) двадцать лет назад Б) двенадцать лет назад В) девятнадцать лет назад
6	Они поженятся.... *Когда это будет?*	А) через год Б) никогда В) когда он сделает карьеру

1) – Извини, дорогой, я опять опоздала.
Обещаю, что это в последний раз!
– Хорошо. Если ты опоздаешь ещё раз, я не буду тебя ждать.

2) – Ты почему вчера пришёл домой так поздно?
– Анна Ивановна, извините... Мы с друзьями ходили в ресторан... А откуда вы знаете?
– Моя дочь мне всё рассказывает про тебя.

3) – Я видел твоего сына в магазине.
– Да, он ходил в магазин купить торт и шампанское. Сегодня у внучки день рождения.

4) Мы договорились встретиться с родителями в пятницу на прошлой неделе, но всю эту неделю я был занят, поэтому мы смогли встретиться только через неделю.

5) Он познакомился со своей будущей женой двенадцать лет назад, когда он отдыхал на море вместе с родителями и со своей младшей сестрой.

6) Татьяна и Максим - студенты. Они любят друг друга. Максим сделал ей предложение. Татьяна сказала Максиму, что она выйдет за него замуж, когда он станет достаточно богат, чтобы купить свой дом и обеспечить семью.

2. Ситуация – ваше начало диалога.

1) Вы влюбились в сестру вашего друга.

....

....

....

....

2) Вам интересно, где и когда познакомились ваши родители.

....

....

....

....

Часть 6. Говорение.

1. Разыграйте шуточный диалог и задайте вопрос вашему партнеру.

– Как дела у вашей дочери?

– Прекрасно! У неё замечательный муж. Он помогает ей готовить, мыть посуду и смотреть за детьми.

– А у вашего сына?

– Ему не повезло. У него ужасная жена. Бедному мальчику приходится готовить, мыть посуду и смотреть за детьми.

Вопрос: Как вы думаете, почему мать рада за дочь и не рада за сына?

2. Идея – ваше мнение. Прочитайте высказывания, данные ниже, выскажите своё мнение.

Самое важное в жизни – это работа.
Самое важное в жизни – это деньги.
Самое важное в жизни – это семья.
Любовь с первого взгляда – это глупо.
Мужчины думают только о карьере, а женщины думают только о любви.
День Святого Валентина (14 февраля) мне нравится больше, чем День семьи, любви и верности (8-го июля).

Часть 7. Тесты

1.Скажите «да» или «нет».

1) Гражданский брак – дело обычное у русских. (да-нет)
2) У русских мальчик – более желанный ребенок, чем девочка. (да-нет)
3) Развод или внебрачный ребенок – это позор для русской женщины. (да-нет)
4) Русские мужчины не принимают активного участия в воспитании маленьких детей. (да-нет)

5) У русских мужчин обычно не очень хорошие отношения с тёщей. (да-нет)

6) В русской семье обычно старший сын заботится о родителях. (да-нет)

7) Свекровь и невестка в России всегда конфликтуют. (да-нет)

8) Русские носят обручальное кольцо на правой руке. (да-нет)

2. Ответьте на вопросы

1) Почему у русских много анекдотов про тёщу и зятя?
왜 러시아에는 장모와 사위에 관한 익살스러운 이야기가 많나요?

2) Кто в России обычно берёт на себя заботу о родителях?
러시아에서는 보통 부모님을 누가 모시나요?

3) Почему русские женщины работают и стремятся сделать карьеру?
왜 러시아 여자들은 일을 하고, 출세를 하고 싶어 하나요?

4) Что означает русское выражение «отец-одиночка»?
«Отец–одиночка»라는 말은 무엇을 의미할까요?

Урок № 3. Внешность («Свет мой, зеркальце, скажи, да всю правду доложи, я ль на свете всех умнее, всех румяней и белее? А.С.Пушкин)

제3과. 외모 (거울아거울아 솔직히 말해봐.
내가 세상에서 가장 똑똑하고, 볼이 붉고 하얗니 ? А.С. Пушкин)

Часть 1. Слова и выражения

Кла́ссно 좋아, 멋있다

Украше́ния 장식품

Джи́нсы 청바지

Футбо́лка 반팔티

Кроссо́вки 운동화

Вне́шность 외모

Опи́сывать вне́шность 외모를 묘사하다

Высо́кий рост 큰 키

Стро́йная фигу́ра 날씬한 몸매

Одева́ться со вку́сом 센스있게 입다

Ру́сые во́лосы 아마색의 머리

Стри́жка 이발

Стри́чься 이발하다

Блонди́нка 금발의 여성

Брюне́тка 밤색 머리칼의 여성

Смени́ть вне́шность 외모를 바꾸다

Кра́ситься 화장하다

Ры́жий 적황색의

Наверняка́ 틀림없이, 확실히

Дресс-код 드레스 코드

Прили́чно 적당한

Стро́го 엄격하게

Старомо́дно 낡은

Парикма́херская 미용실

Переодева́ться 옷을 갈아입다

Привлека́тельный 마음을 끄는, 매력적인

Косме́тика 화장품

Ту́фли на высо́ких каблука́х 하이힐

Же́нственность 여성스러움

Следи́ть за вне́шностью 외모를 가꾸다

Мо́дная оде́жда 유행하는 옷

Прести́жная оде́жда 비싸고 유행하는 옷

Чистота́ 깨끗함

Опря́тность 산뜻함

Кра́сить во́лосы 머리카락을 염색하다

Де́лать маникю́р 매니큐어를 바르다

Оде́жда, кото́рая не броса́ется в глаза́ 너무 튀지 않는 옷

Пристально 뚫어지게

Ока́зывать зна́ки внима́ния 관심을 표하다

Де́лать (говори́ть, произноси́ть) комплиме́нт 찬사를 보내다

Нача́льник 상사

Подчинённый 부하직원

Смуща́ть 당황하게 하다

Борода́ 턱수염

Усы́ 콧수염

Се́рьги 귀걸이

Ма́йка 민소매 티

Го́рные боти́нки 등산화

Ветро́вка 바람막이

Что́-нибудь лёгкое 가벼운 어떤 것

Что́-нибудь я́ркое и блестя́щее 밝고 반짝거리는 것

Солнцезащи́тные (тёмные) очки́ 선글라스

И́мидж 이미지

Стро́гий костю́м 격식있는 정장

Пи́рсинг 피어싱

Татуиро́вка 타투

Ко́жаная ку́ртка 가죽자켓

Ку́ртка от Adidas 아디다스 자켓

Часть 2. Диалоги.

1. – В чём ты пойдешь на дискотеку!
   – Я надену мою любимую красную юбку. Я в ней классно выгляжу. А ты?
   – Я как всегда пойду в джинсах, футболке и кроссовках. В них удобно танцевать.
   – А какие-нибудь украшения наденешь?
   – Даже не знаю… У меня есть красный браслет, но его на дискотеке легко потерять.

– Так ты его не наденешь? Тогда у меня к тебе просьба, дай его мне на сегодня!

2. – Господин Ким, можно вас попросить об одолжении? У меня к вам огромная просьба! Дело в том, что сегодня прилетает новый сотрудник нашей фирмы, господин Смирнов. Его нужно встретить в аэропорту.

– Хорошо. А как я его узнаю?

– Я опишу вам его внешность. Он очень интересный молодой человек. Он высокого роста, и у него стройная фигура. Одевается он всегда со вкусом. Он будет в тёмном костюме и белой рубашке.

– А какие у него глаза?

– У него светлые глаза и русые волосы. Кстати, обычно он носит очки.

3. – Таня, неужели это ты? Тебя трудно узнать! Ты так хорошо выглядишь!

– Спасибо, если не шутишь. Я только что из парикмахерской. Видишь, и стрижка другая и цвет волос. Я теперь брюнетка. Мне идёт?

– Очень идёт! Просто бесподобно! Пожалуйста, скажи, у кого ты стриглась? Я тоже хочу сменить внешность. Только вот не знаю, в какой цвет покраситься. Может быть, в рыжий?

– Нет-нет! Только не в рыжий. Тебе не пойдёт! Самое лучшее посоветоваться с мастером.

– Я так и сделаю, спасибо!

4. – Что это на тебе?! Сейчас никто так не одевается. В таких юбках ходили наши бабушки.

– Ты понимаешь, я иду устраиваться на работу в большую международную компанию. Мне сказали, что я должна выглядеть прилично и строго.

– Прилично – не значит старомодно. Тебя никуда не возьмут в таком виде. У них там наверняка есть дресс-код. Прошу тебя, сначала узнай, что лучше надеть.

Часть 3. Текст

КРАСОТЫ МНОГО НЕ БЫВАЕТ

Русским девушкам нравится быть привлекательными. Они хотят всегда хорошо выглядеть. Они носят дорогую нарядную одежду, часто пользуются яркой косметикой. Русские девушки носят туфли на высоких каблуках даже днём и неудобные, но стильные сапоги зимой, когда очень скользко. Они следят за своей внешностью гораздо больше, чем мужчины.

До недавнего времени считалось, что это не мужское дело - интересоваться модной одеждой и обувью. Основным требованием к мужской одежде традиционно являются чистота и опрятность. Русские мужчины обычно не красят волосы, не делают маникюр, носят одежду, которая не бросается в глаза. Последнее время положение меняется. Многие молодые люди пристально следят за модой, покупают престижную одежду известных марок и стригутся в дорогих парикмахерских. Некоторые уделяют своей внешности столько же внимания, что и девушки.

У русских принято делать комплименты. Знаки внимания оказывают в основном мужчины. Однако женщины тоже могут делать комплименты друг другу и мужчинам. Комплимент обычно выражает только доброе отношение и дружескую симпатию (и ничего больше!). На работе комплименты делают друг другу не только коллеги, но и начальники своим подчинённым. Комплимент не должен быть слишком серьёзным. Он говорится с улыбкой, как бы в шутку, чтобы не смутить того, кому предназначен.

Часть 4. Упражнения

А) Интенции

Просьба

Комплимент

Б) Лексика и грамматика

У КОГО КАКОЕ ЧТО

КТО С КАКИМ ЧЕМ

ХОДИТЬ В ЧЁМ, НОСИТЬ ЧТО

ОДЕВАТЬСЯ КАК

Упр. 1. Прочитайте диалоги (2) и (3). Обратите внимание на выражение дружеской и официальной просьбы и на комплименты. Придумайте и запишите

1. Просьбу к другу передать документы.

....

....

2. Просьбу к сотруднику посольства сообщить, когда будет готова виза.

....

....

3. Комплимент подруге по поводу её новой сумки.

....

....

4. Комплимент преподавательнице по поводу её стиля одежды.

....

....

Упр. 2. Работа в парах. Сделайте комплименты друг другу.

Варианты ответов на комплимент, которые можете использовать:

– Спасибо за комплимент!

– Это приятно слышать.

– В самом деле?

– А ты не шутишь?

– Я очень дорожу вашим мнением.

– Спасибо, если не шутишь.

– Большое спасибо, очень приятно!

– Ваше мнение мне особенно дорого!

– Какие красивые у тебя (у вас) часы (серьги, очки)!

....

– Тебе идёт голубой цвет!

....

– Вы отлично выглядите сегодня!

....

– У вас чудесная причёска!

....

– Как тебе (вам) идёт этот костюм (эта блузка, это платье)!

....

– У тебя отличный вкус!

....

Упр. 3. Найдите лишнее слово. Объясните свой выбор.
Ботинки, кроссовки, тапочки, носки, туфли.
Плащ, пальто, куртка, шуба, футболка.
Часы, серьги, браслет, кольцо, цепочка.
Юбка, блузка, одежда, платье, костюм.
Волосы, лоб, глаза, рот, уши, нос, живот.

Упр. 4. Читайте предложения. Заменяйте конструкцию У КОГО КАКОЕ ЧТО конструкцией КТО С КАКИМ ЧЕМ. Записывайте полученное предложение.

Образец: *– У девушки хорошая фигура*

– Девушка с хорошей фигурой.

1. У девочки длинные волнистые волосы.

……………………………………………

2. У старика седая борода и усы.

……………………………………………

3. У мальчика выразительные голубые глаза.

……………………………………………

4. У женщины маленькие красивые руки.

……………………………………………

5. У молодого человека спортивная фигура.

……………………………………………

6. У девушки симпатичнос овальнoe лицо.

……………………………………………

Упр. 5. Читайте словосочетания. Заменяйте конструкцию КТО С ЧЕМ (КТО В ЧЁМ) конструкцией КТО БЕЗ ЧЕГО. Записывайте полученное предложение.

Образец: *– Мужчина с усами*

– Мужчина без усов

1. Мальчик в шапке

……………………………………………

2. Женщина в серьгах

……………………………………………

3. Молодой человек с бородой

………………………………………………

4. Девочка в пальто

………………………………………………

Упр. 6. Читайте предложения. Заменяйте конструкции ХОДИТЬ В ЧЁМ, НОСИТЬ ЧТО конструкцией БЫТЬ В ЧЁМ. Записывайте полученное предложение.

Образец: *– Обычно он носит очки.*

– И сегодня он в очках.

1. Обычно они ходят в джинсах и майках.

………………………………………………

2. Обычно она носит юбку и блузку.

………………………………………………

3. Обычно он ходит в зимней куртке и тёплом свитере.

………………………………………………

4. Обычно они носят костюмы и галстуки.

………………………………………………

5. Обычно она носит сапоги и свитер.

………………………………………………

6. Обычно она ходит в туфлях на высоких каблуках.

………………………………………………

Упр.7. Расскажите, что вы наденете, если…

Слова и выражения для справок: ЧТО-НИБУДЬ ЛЁГКОЕ, СТРОГИЙ КОСТЮМ, ГОРНЫЕ БОТИНКИ И ВЕТРОВКА, НАРЯДНОЕ ПЛАТЬЕ, БЕЛАЯ РУБАШКА И ТЁМНЫЙ ПИДЖАК, КРОССОВКИ И ШОРТЫ, ЧТО-НИБУДЬ ЯРКОЕ И БЛЕСТЯЩЕЕ, ДЖИНСЫ И ФУТБОЛКА.

단어 보기) 가벼운 건 무엇이든지, 격식있는 정장, 등산화와 바람막이, 화려한 원피스, 화이트 셔츠와 검은 자켓, 운동화와 반바지, 화려한 색에 빛나는 것들, 청바지와 반팔티.

1. Вы едете на научную конференцию.
2. Вас пригласили на свадьбу.
3. Вы идёте в ночной клуб.
4. Вы идёте на теннисный корт.
5. Вас пригласили в гости к бабушке.
6. Вы едете на пляж.
7. Вы идёте в горы.
8. Зима. Вы едете в Россию.

Упр. 8. Заполните таблицу, добавив в каждый столбик по пять примеров.

одежда	обувь	косметика	украшения	части тела
пальто	туфли	пудра	серьги	нос

Часть 5. Аудирование

1. Слушайте диалоги, выберите правильный вариант ответа.

1	Антон прекрасно выглядит, потому что	А) похудел Б) загорел В) занимался спортом
2	Анна наденет в театр	А) майку и футболку Б) джинсы и майку В) джинсы и свитер
3	Марина не узнала Наташу, потому что	А) они давно не виделись. Б) Наташа изменила цвет волос. В) Марина плохо видит
4	Владимир Петрович–это	А) муж Татьяны Ивановны Б) сосед Татьяны Ивановны В) они вместе работают
5	Наташа просит помощи в выборе кроссовок	А) у своего друга Миши Б) у своей подруги Маши В) ни у кого
6	Двоюродный брат Юлии любит носить	А) кожаную обувь Б) спортивную одежду В) кожаную куртку

1) – Антон, привет, ты прекрасно выглядишь! Ты был в отпуске?
– Мы ездили в Таиланд, там прекрасные пляжи. Я специально не загорал, но кожа всё равно потемнела. Вот что значит юг!

2) – Анна, что ты наденешь в театр?

– Ты знаешь, мама, собираться времени нет, поэтому пойду как обычно в джинсах и свитере.

– Нет, так нельзя, это неприлично!

3) – Марина, привет! Как дела?

– Ой, Наташа, привет! Я тебя сначала не узнала, ты что, покрасилась?

– Да, видишь, я теперь блондинка!

– Тебе идёт!

4) – Здравствуйте, Татьяна Ивановна! Вы сегодня такая красивая! Какое платье! У вас что, день рождения?

– Спасибо за комплимент, Владимир Петрович! Нет, что вы! Какой день рождения? Просто после работы мы с мужем идём в гости.

5) – Миша, пойдём, ты мне поможешь выбрать кроссовки. Я тебя очень прошу! Я ведь не вижу себя со стороны и не знаю, как я в них выгляжу.

– Наташа, а какие кроссовки ты хочешь? Какой марки? Какого цвета?

– Nike или Adidas. А вот с цветом пока ещё не определилась, главное, чтобы хорошо сидели! Мы же с тобой старые друзья, ты знаешь, что это важная часть моего имиджа: у меня спортивный стиль.

6) – Марина! Какие цветы! Это что, подарок? Это Иван тебе подарил?

– Нет, Юлия, я сама их купила, еду на свадьбу к двоюродному брату.

– А, я помню! Его зовут Антон, он такой высокий, симпатичный и любит ходить в кожаной куртке?

2. Ситуация – ваше начало диалога.

1) Ваша подруга купила сумку марки Gucci за 1000 долларов.

....

....

....

2) Вы случайно встретили друга, с которым учились в школе. Он вас узнал, а вы его - нет.

....

....

....

3) Вы ищете работу и пришли в компанию, чтобы поговорить с менеджером. Вдруг вы видите, что этот менеджер – ваша школьная подруга.

....

....

....

4) Ваш друг хорошо одевается. Похвалите его.

....

....

....

Часть 6. Говорение

1. Разыграйте шуточные диалоги. Задайте вопросы.

Жена говорит мужу: – Мне столько денег надо! На одежду, на маникюр, на педикюр, на парикмахерскую, на косметику... .
Муж: – А мне повезло! Я сразу красивый родился.

Вопрос: Кто больше внимания уделяет своей внешности?
Муж или жена?

В автобусе:
– Девушки, не ссорьтесь! Вы обе такие красивые!
– Как это обе?!!
– Как это обе?!!!!!!

Вопрос: Люди смогли помирить девушек, которые поссорились в автобусе? Почему?

2. Идея – ваше мнение. Прочитайте высказывания, данные ниже, выскажите своё мнение.

Сначала человек должен сделать карьеру, а потом думать о своей внешности.

Зачем вы, девушки, красивых любите? Одни страдания от той любви.

Пирсинг и татуировки – это глупо, некрасиво и вредно для здоровья.

То, что радует глаз, не всегда радует душу.

Часть 7. Тесты

1. Скажите «да» или «нет»

1) Русские любят произносить и получать комплименты. (да-нет)
2) По мнению русских, тёмная кожа (загар) на лице и теле делает внешность человека более привлекательной. (да-нет)
3) В России знакомиться на улице – это нормально. (да-нет)
4) В России начальник может делать комплименты подчинённым. (да-нет)
5) Русской студентке не жалко потратить на сумку или очки 1000 долларов, если они от всемирно известных марок. (да-нет)
6) Если ваш русский знакомый похвалил новую причёску или новое платье девушки, это значит, что она ему нравится. (да-нет)
7) Русские мужчины обычно закрашивают седые волосы. (да-нет)
8) Русские молодые люди в одежде предпочитают спортивный стиль. (да-нет)

2. Ответьте на вопросы.

1) Русским нравятся комплименты, но довольно часто они возражают на комплименты и смущаются. Как вы думаете, почему?
러시아사람들은 칭찬을 들으면 좋아하면서도 부끄러워하며 부인합니다. 그 이유는 무엇일까요?

2) Что означает русская пословица «Глаза – зеркало души»?
러시아 속담 «눈은 마음의 거울»이라는 말이 무엇을 의미할까요?

3) Что означает русская пословица «По одёжке встречают, по уму провожают»?
러시아 속담 «옷을 보고 만나고 뇌를 보고 헤어진다»라는 말은 무엇을 의미할까요?

Урок № 4. Праздники («К сожалению, день рождения только раз в году...» Песня крокодила Гены из мультфильма о Чебурашке)

제4과. 명절 («안타깝게도 생일은 1년에 한번 ....» 만화 «Чебурашка»에 나오는 악어 Гена의 노래중...)

Часть 1. Слова и выражения

Вечери́нка 파티

Э́то больша́я честь для меня́ 이것은 저에게 큰 영광 입니다

О́бщие знако́мые 지인

Сосе́дний отде́л 옆부서

Бы́вшие колле́ги 옛동료들

Поздрави́тельная откры́тка 축하카드

Поздравля́ть кого́ 누구를 축하하다

Кре́пкое здоро́вье 건강(아주좋은)

Успе́хи в дела́х 일에서의 성공

Хоро́шее настрое́ние 좋은 기분

Жела́ть чего́ кому́ 누구에게 바라다

Приду́мывать 생각해내다

Поздравле́ние в стиха́х 시로 쓴 축하

Перча́тки 장갑

Та́почки 실내화

Ума́ не приложу́! 생각이 나지 않는다

Заба́вная ме́лочь 재미있는 물건

Отмеча́ть пра́здник 휴일을 기념하다

Засто́лье 명절식탁

Устра́ивать засто́лье 명절식탁을 만들

Что сво́дится к чему ~로 종결되다

Украша́ть ёлку 트리를 장식하다

Бой кура́нтов 크레믈린 탑 시계의 타종

Чо́каться бока́лами шампа́нского 샴페인 술잔을 마주치다

Ли́чный пра́здник 개인의 휴일, 명절

О́стрые предме́ты 날카로운 물건들

Живы́е цветы́ 생화

Чётное (нечётное) коли́чество 짝수(홀수)의 개수

Це́нник на пода́рке 물건의 가격표

Разы́грывать друг дру́га 서로서로 놀리다

Смуща́ть 부끄러움을 타다

Сере́бряная сва́дьба 은혼식

Золота́я сва́дьба 금혼식

Юбиле́й 기념제

Зая́длая путеше́ственница 여행 애호가

Кошелёк 돈지갑

Часть 2. Диалоги.

1. – Слушай, тебе вчера кто-то звонил.
   – Это, наверное, Николай.

– А почему ты так думаешь?

– У него скоро день рождения и он зовёт кое-кого из своих друзей на вечеринку.

– А где будете отмечать?

– Пойдем куда-нибудь в кафе, наверное.

2. – Андрей Петрович, примите наше приглашение на Золотую свадьбу!

– Спасибо, это большая честь для меня. А кто-нибудь из наших общих знакомых будет?

– Конечно! Я хочу пригласить кое-кого из бывших коллег. Вы помните Ольгу
Ивановну из соседнего отдела?

– Такая симпатичная, с голубыми глазами?

– Да-да! Ей еще кто-то всё время дарил цветы, помните?

– Помню-помню, буду рад увидеться со старыми друзьями.

3. – Я написала текст поздравительной открытки. Вот послушай: «Дорогие папа и мама! Сердечно поздравляю вас с Новым годом! Желаю вам крепкого здоровья, успехов в делах и хорошего настроения в Новом году. Ваша дочь Светлана». Ну как?

– Хорошо, только как-то неинтересно, так все пишут. Ты придумай что-нибудь новое, оригинальное.

– Может быть, написать поздравление в стихах: «С Новым годом поздравляю, много счастья вам желаю!»

– Не знаю, может, лучше купить открытку с готовым текстом? А ты уже приготовила какие-нибудь подарки?

– Да, я уже купила кое-что. Маме я купила перчатки, папе – тапочки, а вот что подарить сестре – ума не приложу! Надо что-то необычное, а вот что?
– Тебе надо поехать куда-нибудь в центр, там много новых магазинов, обязательно найдешь какую-нибудь забавную мелочь.

Часть 3. Текст

ПРАЗДНИКИ

В России много праздников. Есть праздники общие – Новый год, Рождество Христово, День защитника отечества, Международный женский день, Праздник весны и труда (Первомай), Пасха, День Победы, День России, День согласия и примирения (бывший День годовщины Великой Октябрьской социалистической революции). А есть – личные, семейные – день рождения, новоселье, свадьба. Праздник для русских – это отдых, общение с родными и друзьями и обязательное обильное застолье.

Новый год - это самый любимый праздник у русских. На Новый год русские обычно ставят дома ёлку и украшают её. Отмечая Новый год, русские не готовят специальных блюд. Но на столе обязательно должно быть шампанское, которое открывают с боем курантов. Пока бьют куранты, русские чокаются и поздравляют друг друга с Новым годом.

День рождения – главный личный праздник. Имейте в виду, что у русских не принято поздравлять с днём рождения заранее. Ещё не принято дарить острые предметы, например, набор ножей – (это к ссоре) или носовые платки (это к слезам). О цветах разговор особый. Обычно дарят только живые цветы (нечётное число). Русские могут дарить самые разные вещи: сувениры, книги, косметику, украшения, сервизы, часы. Нижнее бельё, колготки, носки, одежду обычно дарят только близким родственникам. Русские всегда отрывают ценник на подарке. Раньше было не принято дарить деньги, в последнее время русские стали это делать, особенно на свадьбу.

Есть ещё один праздник, который всегда проходит очень весело, - это День смеха, 1 апреля. В этот день принято разыгрывать друг друга, много шутить и смеяться.

Часть 4. Упражнения

А) Интенции

Приглашения, поздравления

Б) Лексика и грамматика

Употребление неопределенных частиц –ТО, -НИБУДЬ, КОЕ-.

Упр.1. Прочитайте приглашения и поздравления из диалогов (2) и (3). Составьте и запишите

1. Приглашение другу на день рождения.

....

....

2. Приглашение преподавателю на собрание.

....

....

3. Поздравление родителям вашего русского друга с Серебряной свадьбой.

....

....

4. Поздравление русскому другу (русской подруге) с праздником.

....

....

Упр.2. Скажите, что надо подарить этим людям и почему?

Слова для справок: ФРАНЦУЗСКИЕ ДУХИ, БУТЫЛКА ВИНА, ДЕТСКАЯ КНИГА, СМАРТФОН, БИЛЕТЫ В ТЕАТР, ЦВЕТЫ, ДЕНЬГИ, ТОРТ.

단어보기) 프랑스제 향수, 와인 한병, 동화책, 스마트폰, 극장 관람권, 꽃, 돈, 케이크

1. Подруге можно подарить ....,
   потому что ....

2. Дедушке стоит подарить ....,
   потому что ....

3. Хорошо, если мне подарят ....,
   потому что ....

4. Младшему брату можно подарить ....,
   потому что...................................

5. Будет ужасно, если мне подарят .... ,

потому что...................................

6. Другу я, наверное, подарю .... ,

потому что ....

Упр. 3. Прочитайте предложения, обратите внимание на употребление частиц –ТО, -НИБУДЬ, -КОЕ.

1. Пойдем **куда-нибудь** в кафе!
2. Знаешь, тебе вчера **кто-то** звонил.
3. Послушай, я тебе **кое-что** скажу.
4. Я от **кого-то** слышала, что завтра будет дождь.

Упр. 4. Вставьте подходящие по смыслу частицы –ТО, -НИБУДЬ, КОЕ-. Объясните их употребление.

1. Вы уже купили какие - .... подарки на Новый год?

2. Я купил .... - какие подарки, но не все.

3. Я куда - .... положила подарок и теперь не могу найти.

4. Вам кто - .... когда - .... дарил цветы?

5. Тебе кто - .... звонил вчера и поздравлял с днём рождения.

6. Мне нужно что - .... купить для праздничного ужина.

7. Я тебе .... - что купила в подарок.

8. Кто - .... приходил и оставил тебе книгу.

Часть 5. Аудирование

1. Слушайте диалоги, выберите правильный вариант ответа.

1	Куда они собираются поехать за подарком?	А) в универмаг Б) на рынок В) на ярмарку сувениров
2	Отец сказал, что бабушка любит	А) ездить по разным местам Б) смотреть телевизор В) ходить в театр
3	Когда у родителей будет 25 лет совместной жизни?	А) 20-го мая Б) 25 мая В) 30-го мая
4	Друзья хотят отметить Международный женский день в Париже	А) летом Б) весной В) зимой
5	У них сегодня	А) новоселье Б) гости В) день рождения
6	Антону надоели бесконечные	А) застолья Б) дожди В) новоселья

1) – Ольга, ты звонила Татьяне? Она поедет с нами за подарком?
– Звонила. Она сказала, что встретится с нами уже в универмаге.
– Ну вот и хорошо!

2) – Папа, мне нужно купить подарок бабушке. Я хочу купить ей тапочки, как ты думаешь, это хорошая идея?

– Ну что ты, сын! Лучше подари ей билет на Чечжудо, она же заядлая путешественница!

3) – Ты не забыл, что скоро у родителей Серебряная свадьба?
   – Ты представляешь, совершенно вылетело из головы... А когда? 20-го мая? Или, кажется, 25-го?
   – Ты всё перепутал! 30-го!

4) – Твоя идея – отметить Международный женский день в Париже – отличная. Только вот я не уверен, что у нас будет достаточно денег для этого.
   – Придумаем что-нибудь...

5) – Ты не забыл, что у нас сегодня гости? Ты обещал прийти пораньше, чтобы мне помочь.
   – Ой, я так занят, скажи лучше, что надо купить, я зайду в магазин по дороге домой.

6) – Мне так надоели эти бесконечные застолья на Новый год, может, уедем куда-нибудь, например, на дачу?
   – Нет, Антон, нельзя, это же Новый год, мама обидится.

2. Диалог – ваша реплика

1) – Вы уже собираетесь уходить? Но вы ещё не попробовали десерт!
   – ....

2) – Давай сделаем сюрприз маме на Новый год.
   – ......

3) – После дня рождения я предлагаю пойти домой пешком. Но я вижу, что вы против.

– ......

4) – Давайте подарим нашему боссу носки и ночную пижаму!

– .....

5) – .....

– Нам хватит.

6) – .....

– Ты с ума сошёл!

7) – ...

– С удовольствием!

8) – ....

– Всё в порядке!

3.Ситуация – ваше начало диалога.

Вы забыли поздравить бабушку с днём рождения. Вы звоните ей по телефону и говорите:

....

....

....

Вы поздравляете своего дядю, у которого новоселье.

....

....

....

Утром вам позвонил ваш друг и сказал, что у него сегодня день рождения. Вы пришли к нему с цветами и подарком, а он засмеялся и напомнил вам, что сегодня 1 апреля.

....

....

....

Часть 6. Говорение.

1. Разыграйте шуточные диалоги. Задайте вопросы.

– Папа, дай мне 200 рублей, - говорит сын.
– А мне - 500, - просит дочь.
– А мне нужно 2000, - добавляет жена.
– Да что с вами сегодня случилось? - удивляется отец.
– Ты забыл? У тебя завтра 23 февраля!

Вопрос: Как вы думаете, папа любит свой праздник День защитника отечества? Почему?

Жена, вся в слезах, говорит мужу:
– Я целых три недели твердила тебе, что не надо ничего мне дарить на день рождения, а ты про него все равно забыл!!!

Вопрос: Как вы думаете, кто виноват, что жена не получила подарок на день рождения?

2. Работа в парах. Вы приглашены на свадьбу. Обсудите с вашим партнёром, какие подарки лучше купить и в чём лучше туда пойти. Запишите и разыграйте полученный диалог.

....

....

....

....

3. Идея – ваше мнение. Прочитайте высказывания, данные ниже, выскажите своё мнение.

Когда праздники, самое лучшее – это лежать на диване, ничего не делать и ни о чём не думать.

Самый лучший подарок – это деньги.

1-е апреля – это глупый праздник.

Часть 7. Тесты

1. Скажите «да» или «нет»

1) С днём рождения в России можно поздравлять заранее. (да-нет)

2) Застолье в России – обязательная часть любого праздника (да-нет)

3) В России на свадьбу не принято дарить деньги (да-нет)

4) У русских много праздников летом (да-нет)

5) Раньше русские очень любили петь за столом (да-нет)

6) Русские пьют шампанское за Старый год (да-нет)

7) Дарить острые предметы, например, ножи или ножницы – плохая примета (да-нет)

8) Русские на праздники любят ходить в гости. (да-нет)

9) Пустой кошелёк или бумажник – это ужасный подарок. (да-нет)

10) Приходить в гости с пустыми руками – это обычное дело в России. (да-нет)

2. Ответьте на вопросы.

1) В какой день в России всем женщинам дарят цветы и почему?
러시아에서는 어떤 날에 여성들에게 꽃을 주고 그 이유는 무엇일까요?

2) Почему русские всегда отрывают или закрашивают ценник на подарке?

왜 러시아인들은 선물의 가격표를 떼거나 가리나요?

3) Какой самый любимый праздник в России?
러시아에서 어떤 명절을 가장 좋아 하나요?

4) Что такое «Старый Новый год»?
«Старый Новый год»은 무엇인가요?

Урок № 5. В городе («Пешеход – тоже человек!»)

제5과. 도시에서(«보행자도 사람입니다!»)

Часть 1. Слова и выражения

Пробира́ться к вы́ходу 출구쪽으로 겨우 지나가다

Вы выхо́дите на сле́дующей? 다음역에서 내리시나요?

Голосова́ть на доро́ге 손을 들어 길에서 차를 세우다

Брать (лови́ть) ча́стника 차를 잡다

Догова́риваться 약속하다, 합의하다

Движе́ние(У вас тако́е движе́ние!) 교통(당신 나라는 그런 교통상황이네요!)

Вре́мя поджима́ет 시간이 다 되어 가다

Меня́ться к лу́чшему 개선되다

К ва́шим услу́гам 당신에게 서비스를 제공하다, 도와줄 준비가 되어 있다

Маршру́тка (маршру́тное такси) 마르쉬루트까 (빠른 노선 택시)

Попада́ть куда́? ~로 들어가다, ~에 빠지다

Добира́ться куда́? ~에 도달하다

Повора́чивать напра́во 오른쪽으로 돌다

Назе́мный обще́ственный тра́нспорт 지상 공공 교통수단

Ви́ды тра́нспорта 교통수단의 종류들

Изуча́ть маршру́т 가는 길을 숙지하다

Ну́жно име́ть в виду́ 염두에 둘 필요가 있다

Прихо́дится + инфинитив ~ 해야만 하다

Е́хать по́верху (구어체) 지상교통수단을 이용하여 가다

Час пик 러시아워

Про́бка 교통체증

Попада́ть в про́бку 교통체증에 걸리다

Перепо́лненный 꽉찬, 만원의, 넘쳐 나는

Проезжа́ть свою́ остано́вку 내려야 할 정거장을 놓치다

Тра́нспортная ка́рта 교통카드

Платёжное сре́дство 지불수단

Валида́тор 교통카드 단말기

Уступа́ть ме́сто 자리를 양보하다

Е́хать за́йцем 무임승차하다

Штраф 벌금

Безбиле́тный прое́зд 무임승차(공식적표현)

Заблуди́ться 길을 잃다

Сади́ться не на тот авто́бус 버스를 잘못 타다

Е́хать в обра́тную сто́рону 반대 방향으로 타고 가다

Выходи́ть из авто́буса 버스에서 내리다

Подска́зывать (в значении «объяснять») 충고해주다, 알려주다

Спра́шивать доро́гу 길을 묻다

Де́лать переса́дку 환승하다

Остано́вка по тре́бованию 요청한 정거장

Счастли́вого пути́! 안녕히 다녀오세요!

Остано́вка авто́буса (трамва́я, тролле́йбуса) 버스(뜨람바이, 뜨롤리버스)정거장

Ста́нция метро́ 지하철 역

Стоя́нка такси́ 택시 승강장

Зе́бра (обозначение пешеходного перехода) 횡단보도(건널목)
Смотри́те по сторона́м! (Бу́дьте внима́тельны!) 길을 잘 살피세요!(조심하세요!)
Пешехо́дная зо́на 보행자 구역

Часть 2. Диалоги.

1. – Когда нам выходить?
– Через одну остановку, кажется, или через две.
– Когда-когда? Здесь так шумно, я не слышу.
– Сейчас я спрошу. «Площадь революции» когда будет?
– Слушайте, нам уже сейчас надо выходить. Надо пробираться к выходу.
– Вы выходите на следующей?

2. – Господин Петров, а почему на улицах Москвы так мало такси?
– Господин Ким, такси – это дорого. В Москве есть ещё один вариант: проголосовать на дороге и взять частника. С ним, как правило, можно договориться.
– Частник? А это безопасно? Ведь вы никогда не знаете, к кому садитесь. Может быть, это неопытный водитель. Смотрите, какое у вас движение!
– А что делать, если время поджимает? Приходится рисковать.
– Это очень неудобно.
– Да, вам не позавидуешь! Но я думаю, что скоро изменится к лучшему. Приедете в Москву через год – будет много такси к вашим услугам. А пока заказывайте такси по телефону.

3. – Извините, мне нужен стадион, когда мне нужно сойти?
   – Когда вам выходить? Кажется, вы сели не на тот автобус. Здесь нет стадиона.
   – А что же мне делать?
   – Сходите на следующей и поезжайте в обратную сторону. Я не знаю точно, по-моему, стадион будет через пять остановок.
   – Спасибо большое!
   – Не за что!

4. – Скажите пожалуйста, я дойду до рынка, если пойду по этой улице?
   – Попадёте ли вы на рынок? Да, только вам нужно через квартал повернуть направо, а потом пройти еще метров двести.
   – Так далеко? А какой-нибудь транспорт туда ходит?
   – Есть маршрутка, но она идет от метро и здесь не останавливается. Минуточку… Вы можете добраться до рынка на трамвае, тогда идите назад, остановка вон там, возле аптеки.

Часть 3. Текст

КАК ДОБРАТЬСЯ?

В больших городах России есть все виды наземного общественного транспорта: метро, автобус, троллейбус, трамвай и такси. Наиболее удобным, надёжным и быстрым считается метро. Объявления в метро делаются по-русски, а надписи и карты – по-русски и по-английски. Поэтому, прежде чем ехать куда-нибудь, нужно хорошо изучить возможный маршрут. Кроме этого, нужно иметь в виду, что в метро нет туалетов.

Далеко от центра обычно метро нет, и тогда приходится ехать поверху. В час пик движение очень интенсивное, на улицах пробки, автобусы и троллейбусы ездят переполненными. В этом случае вам лучше заранее позаботится о том, чтобы не проехать свою остановку. Обычно пассажиры входят в салон наземного транспорта через переднюю дверь, а выходят – через среднюю и заднюю двери. Билет можно купить у водителя, но лучше заранее купить транспортную карту, – это удобнее и дешевле. Приложив карту к валидатору, вы можете пройти в салон.

У русских принято уступать место пожилым людям, женщинам с детьми и инвалидам. Лучше не ездить «зайцем», хотя это возможно, потому что, если придут контролёры, с вас возьмут штраф. Если вы заблудились - сели не на тот автобус или едете в обратную сторону - выходите из автобуса на первой же остановке и спрашивайте дорогу. Люди подскажут вам, где лучше сделать пересадку или где остановка вашего автобуса.

На улицах многих российских городов есть «маршрутки» - маршрутные такси, которые дублируют уже известные маршруты автобусов, троллейбусов или трамваев. Они ходят чаще и ездят быстрее, потому что останавливаются не на каждой остановке, а по требованию. Маршрутка немного дороже, но зато удобнее. Счастливого пути!

Часть 4. Упражнения

А) Интенции

Выражение уверенности-неуверенности

МИНУТОЧКУ, ИЗВИНИТЕ, Я НЕ ЗНАЮ ТОЧНО, СЕЙЧАС ПОДУМАЮ, СПРОСИТЕ У КОГО-НИБУДЬ ДРУГОГО, КАЖЕТСЯ.

Вопрос –переспрос

– СКОЛЬКО ВАМ ЛЕТ?

– СКОЛЬКО МНЕ ЛЕТ? Не скажу, это секрет.

Б) Лексика и грамматика

Глаголы движения с приставками.

ПОПАДАТЬ КУДА

ДОБИРАТЬСЯ КУДА

ЧЕМ ЯВЛЯЕТСЯ ЧТО

ЧЕМ СЧИТАЕТСЯ ЧТО

Упр.1. Повторяйте вопрос при ответе. Выражайте неуверенность, используя выражения МИНУТОЧКУ, ИЗВИНИТЕ, Я НЕ ЗНАЮ ТОЧНО, СЕЙЧАС ПОДУМАЮ, СПРОСИТЕ У КОГО-НИБУДЬ ДРУГОГО, КАЖЕТСЯ.

Образец: *– Как доехать до библиотеки?*

*– **Как доехать до библиотеки? До библиотеки?** Извините, я не знаю точно.*

1. Как добраться до стадиона?

....

2. Как попасть в центр города?

....

3. Как проехать на вокзал?

....

4. Где останавливается автобус №5?

....

5. Сколько остановок мне надо проехать?

....

6. Где ближайшая станция метро?

....

7. Как доехать до рынка?

....

8. На какой остановке мне надо выходить?

....

Упр. 2. Читайте вопросы. Повторяйте вопросы при ответе, выделяя коммуникативный фокус частицей ЛИ. Записывайте ответ.

Образец: *– До центра ДАЛЕКО?*

– Далеко ли до центра? Извините, не знаю.

– Я ДОЕДУ на этом автобусе до реки?

– Доедете ли вы до реки? Не могу сказать, извините.

1. До театра МОЖНО дойти пешком?

....

2. Здесь ХОДИТ трамвай?

....

3. Мне СЕЙЧАС выходить?

....

4. Стоянка такси ЗА УГЛОМ?

....

5. Мы ДОЕДЕМ до зоопарка?

....

6. Мне НУЖНО делать пересадку?

....

Упр. 3. Говорите, что они делают каждый день. Пишите полученное предложение.

***Образец**: Вчера он вышел из дома в 9 часов утра.*

Каждый день он выходит из дома в 9 часов утра

1. Я перешел эту улицу.

....

2. Они прошли мимо почты и вышли на площадь.

....

3. Мы объехали весь город и заехали в музей.

....

4. Она вышла из общежития и пошла в библиотеку.

....

5. Он выехал из нашего двора.

....

6. Они доехали до театра, объехали его с правой стороны и выехали на проспект.

....

7. Утром за мной зашел мой друг и мы пошли в парк.

....

8. Мы отошли от банка и взяли такси.

....

9. Они подъехали к пешеходной зоне и вышли из машины.

....

10. Он проехал 200 (двести) километров.

....

Упр. 4. Измените данные предложения по образцу. Скажите по-другому, используя модель ЧЕМ ЯВЛЯЕТСЯ ЧТО.

Образец: *Метро – это наиболее удобный, надёжный и быстрый вид транпорта.*

Наиболее удобным, надёжным и быстрым видом транспорта считается/является метро.

1. Такси – это самый дорогой вид транспорта.
2. Транспортная карта – это удобное платёжное средство.
3. Остановка – это место, где люди ждут автобус (троллейбус, трамвай).
4. Водитель автобуса – это хорошая профессия.

Упр. 5. Измените данные предложения по образцу. Скажите по-другому.

Образец: *До музея можно доехать на метро.*

***До музея** можно **добраться** на метро.*

***В музей** можно **попасть** на метро.*

1. Как проехать в университет?
2. Как дойти до ближайшей станции метро?
3. Где Красная площадь?
4. До центра города можно дойти пешком.
5. В парк можно пройти по этой улице.
6. До аэропорта ходит автобус.

Упр. 6. Запишите антонимы к данным словам и словосочетаниям, используя глаголы движения с приставками с противоположным значением: ПРИ- (У-), ПОД- (ОТ-), В- (ВЫ-).

Приходить / приезжать в центр города –

Подходить / подъезжать к центру города –

Входить / въезжать в центр города –

Упр. 7. Используя глаголы движения с приставками: ПРИ- (У-), ПОД- (ОТ-), В- (ВЫ-), ПО-, ПЕРЕ-, ДО-, ПРО-, ЗА-, напишите и перескажите текст о том, где вы бываете и что вы делаете по воскресеньям.

....

....

....

....

....

....

Часть 5. Аудирование

1. Слушайте диалоги, выберите правильный вариант ответа.

1	Кто с кем разговаривал?	А) пассажир и водитель автобуса Б) пассажир и контролёр В)пассажир и другой пассажир
2	Кто с кем разговаривал?	А) пассажир и водитель автобуса Б) пассажир и контролёр В) пассажир и другой пассажир
3	Кто с кем разговаривал?	А) турист и москвич Б) турист и петербуржец (житель Петербурга) В) иностранный студент и преподаватель
4	Встреча была... *Где это было?*	А) в бизнес-центре Б) в центре города В) в ресторане около метро
5	Они познакомились.... *Где это было?*	А) в автобусе Б) в метро В) в университете
6	Он добирался на вокзал	А) на такси Б) на автобусе В) на маршрутке

1) – Предъявите, пожалуйста, проездные документы!

– Извините, я забыл карту дома.

– Тогда платите штраф за безбилетный проезд!

2) – Ты почему сидишь? Не видишь, рядом с тобой стоит бабушка. Уступи ей место!

– Ой, я заснул и не заметил. Пожалуйста, бабушка, садитесь!

3) – Скажите, вы здесь живёте?

– Да, а что?

– Я заблудился, я не знаю, где я. Помогите мне!

– Ах, вот оно что... понятно. Вы около Эрмитажа. Вот главный вход, а там – Нева.

– Я уже не хочу в Эрмитаж, я хочу в гостиницу. Где здесь ближайшая стоянка такси?

4) – Сначала мы хотели разговаривать в университете, потом мы договорились встретиться в бизнес-центре, но я до бизнес-центра не доехал: попал в пробку, пришлось перезвонить и назначить другое место – в ресторане около метро.

5) – Девушка, вы уронили кошелёк!

– Спасибо большое, я не заметила, как он упал. Народу много...

– А вы когда выходите?

– Через две остановки.

– Я тоже. А можно вас проводить?

– Да, почему бы и нет.

6) – Что лучше, автобус, маршрутка или такси?

– А куда тебе?

– Мне нужно на вокзал.

– На вокзал? Зачем тебе такси? Здесь же близко, 10 минут на автобусе.

– У меня тяжёлая сумка, и сейчас очень жарко.

– Тогда вызывай такси! Или давай я тебе помогу нести сумку.

– Давай!

2. Ситуация – ваше начало диалога.

Вам нужно выходить на следующей остановке, но перед вами стоит три человека, и вы не можете выйти.

....

....

....

Вы сидите в вагоне метро. Все места заняты. Входит женщина с маленьким ребёнком.

....

....

....

Часть 6. Говорение

1. Разыграйте шуточный диалог. Задайте вопросы.

Разговор в страховой компании

– Я хотел бы застраховать свою жизнь.

– У вас есть автомобиль?

– Нет.

– Выездитенамотоцикле или велосипеде?

– Нет.

– Тогда,извините.Пешеходовмынестрахуем-слишкомрискованно!

Вопросы:

1) Кто пришёл в страховую компанию, водитель или пешеход?

2) Почему он получил отказ?

2. Перед вами схема московского метро. Вы живёте на станции метро «Сокол». Сегодня вы едете сначала в МГУ (станция метро «Университет»), а потом в гости к друзьям. Они живут на станции метро «Октябрьское поле». Опишите ваш маршрут и составьте диалоги с пассажирами, если вы заблудились.

....

....

....

....

....

....

....

....

....

....

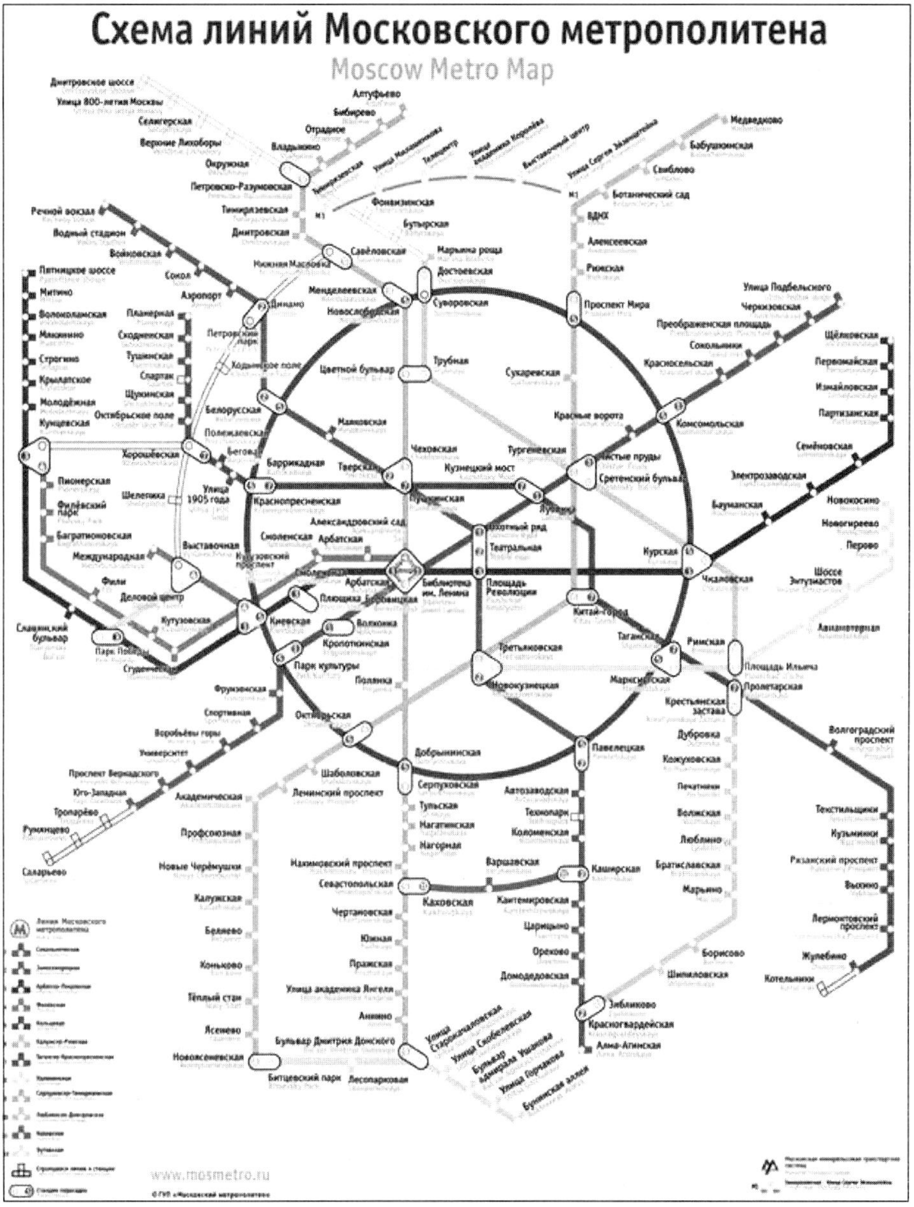
Схема линий Московского метрополитена
Moscow Metro Map
www.mosmetro.ru

3. Идея – ваше мнение. Прочитайте высказывания, данные ниже, выскажите своё мнение.

Пешеход прав, пока он жив.

Пробка – это плохо для водителя и хорошо для пешехода.

С тех пор, как я начал водить машину, я начал осторожнее переходить дорогу.

Часть 7. Тесты

1. Скажите «да» или «нет»

1) На улицах русских городов всегда русские названия дублируются английскими (да-нет)
2) Если нет такси, в России принято ловить машину на дороге. (да-нет)
3) В Москве и Петербурге в метро есть туалеты. (да-нет)
4) В России водители всегда пропускают пешеходов на зебре (на пешеходном переходе). (да-нет)
5) В Москве можно купить билет на автобус у водителя (да-нет)
6) В России пассажиры могут входить в автобус только в переднюю дверь (да-нет)
7) В России водитель автобуса (троллейбуса, трамвая) всегда объявляет остановки (да-нет)
8) Маршрутное такси останавливается по требованию (да-нет)

2. Ответьте на вопросы.

1) Почему в России, садясь в такси, нужно проверять, есть ли у вас мелкие деньги?

왜 러시아에서는 택시를 탈 때, 잔돈이 있는지 확인해야하는가요?

2) Иногда на российском автобусе можно прочитать странную надпись: «Меньше зайцев – больше капусты». Что это значит?

가끔 러시아 버스에서 «토끼는 적게 양배추는 많이»라는 이상한 문구를 볼 수 있습니다. 무슨 뜻일까요?

3) Почему, в России покупая билет в метро, не надо говорить кассиру, до какой станции вы хотите ехать?

어째서 지하철 표를 살 때, 매표원에게 어느 역까지 가야하는지 말할 필요가 없을까요?

Урок № 6. Я и моя машина («Тише едешь – дальше будешь»)

제6과. 나 그리고 나의 차 («급할 수록 돌아가라»)

Часть 1. Слова и выражения

Права́ 면허증, 자격증

Получа́ть права́ 면허증을 받다

Запи́сываться в автошко́лу 운전면허 학원에 등록하다

Проходить медкоми́ссию (медицинскую комиссию) 신체검사를 받다

Плати́ть за обуче́ние 교육비를 지불하다

Заполня́ть бума́ги 서류를 작성하다

Слу́шать тео́рию (теорети́ческий курс) 이론수업(이론과정)을 듣다

Практи́ческое вожде́ние (курс практи́ческого вожде́ния) 운전 실기 (운전 실기 과정)

В удо́бное для вас вре́мя 당신에게 편한 시간

Экза́мен на права́ 면허 시험

Прова́ливать экза́мен 시험에 떨어지다

Ничего́ не поде́лаешь! 어찌하겠어?

Маловато (не очень много) 적은 편이다 (그렇게 많지 않은)

Пересдава́ть (시험을) 다시 치르다

Ско́лько уго́дно 원하는 만큼

Брать маши́ну в аре́нду 차를 렌트하다

Прока́т (аре́нда) маши́н 자동차 임대

Инома́рка (иностранная марка) 외제차

Драть бе́шеные де́ньги 비싸게 팔아 넘기다

Доро́жные указа́тели 도로 표지판

Попада́ть в ава́рию 교통사고를 당하다

Застрева́ть в про́бке 교통체증에 빠지다, 걸리다

Нанима́ть шофёра 운전기사를 고용하다

Убежда́ть 납득시키다

Домофо́н 인터폰

Код 코드

Предупрежда́ть 미리 경고하다

Спаси́бо, что предупреди́ли. 미리 이야기해줘서 고맙습니다.

Паркова́ться 주차하다

Ста́вить маши́ну 차를 세우다, 주차하다

Окружна́я (МКАД, Московская кольцевая автомобильная дорога) 모스크바 순환도로(순환 차도)

Жу́ткая ава́рия 끔찍한 사고

Теря́ть управле́ние 핸들을 놓치다

Вреза́ться в кого́ (во что) ~을 들이받다

Наезжа́ть на кого́ (на что) ~와 충돌하다

Сади́ться за руль 운전하다, 운전대를 잡다

Уве́ренно 자신있게, 확실하게

Пра́вила доро́жного (у́личного) движе́ния (ПДД) 도로 교통법규

Соблюда́ть пра́вила у́личного движе́ния 도로 교통 법규를 지키다

Наруша́ть пра́вила у́личного движе́ния 도로 교통법규를 어기다

Не́рвничать 짜증 내다

Превыша́ть ско́рость 과속하다

Вожде́ние 운전

Уника́льный о́пыт 드문 경험

Мо́края, ско́льзкая доро́га 젖고 미끄러운 길

Сотру́дник ГИБДД 교통경찰

ГИБДД (Госуда́рственная слу́жба безопа́сности доро́жного движе́ния) 국립도로교통안전부

Ничего́ не сто́ит ~해봐야 소용없다.

Засма́триваться 넋을 잃고 바라보다

Попада́ть в ава́рию (в ДТП) 대중교통 사고

ДТП (доро́жно-тра́нспортное происше́ствие) 인도

Тротуа́р 인도

Прое́зжая часть 차도

Серпанти́н (го́рная доро́га) 구불구불한 산길

Навига́тор 네비게이션

Часть 2. Диалоги.

1. – Я хотел бы получить права. Что нужно для этого?

   – Вам нужно записаться в автошколу, а для этого, во-первых, пройти медкомиссию, во-вторых, заплатить за обучение и потом заполнить бумаги.

   – А сколько учиться и сколько платить?

   – Учиться – полтора-два месяца, а платить – примерно 15 000 - 18 000 рублей.

   – Когда начинаются занятия?

– Первого числа каждого месяца. Вы будете слушать теорию два раза в неделю. По вечерам. А практическое вождение – три раза в неделю. В удобное для вас время.

2. – Ну как твой экзамен на права ? Сдал?
– Теорию сдал, а вождение – провалил. Ничего не поделаешь. С погодой не повезло, да и практики у меня маловато.
– Не расстраивайся, всё будет в порядке, пересдашь. А сколько раз можно пересдавать?
– Я не знаю точно.

3. Вы не знаете, в Москве можно взять машину в аренду?
– Господин Ким, конечно, можно. У нас это называется «Прокат машин». Адреса фирм вы найдёте в любом справочнике. Даже в старом. Только я вам не советую.
– Почему? Ведь это так удобно, и я вожу машину уже много лет.
– Во-первых, дорого. Они дают в аренду только дорогие иномарки и дерут за это бешеные деньги. Во-вторых, небезопасно. Вы не представляете себе, что такое водить машину в Москве. Потом, дорожные указатели - все по-русски. Наконец, пробки ужасные! Ещё попадёте в аварию, не дай Бог!
– Да, вы меня убедили. Наверное, лучше нанять шофёра. Со своей машиной.

4. – Какой у вас адрес?

– Ярославское шоссе, дом 45, квартира 30.

– А домофон есть?

– Конечно, дверь в подъезд всегда закрыта. Чтобы войти, надо набрать код 1271.

– Я записал.

– Вы на машине?

– Да.

– Хочу вас предупредить. Припарковаться во дворе невозможно. Всё занято, так что поставьте машину где-нибудь рядом.

– Спасибо, что предупредили.

– И ещё, в подъезде может быть темно, в лифте тоже. Будьте, пожалуйста, осторожны. А лучше позвоните, я вас встречу.

– Спасибо, я так и сделаю.

5. – Ты смотрел вчерашний «Дорожный патруль»?

– Нет, а что?

– На окружной произошла жуткая авария. Джип потерял управление и врезался в автобус. Погибло два человека и есть раненые.

– Да, каждый день происходит что-нибудь подобное.

– Просто страшно садиться за руль!

Часть 3. Текст

ЗА РУЛЁМ

У меня есть международные водительские права. У себя дома в Корее я вожу машину уже три года.

Сейчас я живу в Москве. Я решил ещё раз сдавать на права. Вы спросите, почему? Я хочу уверенно себя чувствовать на дороге. Я поездил по улицам и понял, что это не для меня, особенно в час пик. Водить машину в России – это совсем не то, что водить машину в Корее. Во-первых, хотя правила дорожного движения одинаковы во всем мире, вождение в Москве – это уникальный опыт для любого иностранца. Во-вторых, утром и вечером, когда все спешат на работу, можно простоять в пробке очень долго. Водители нервничают, превышают скорость, не соблюдают правила. Втретьих, все дорожные указатели - только по-русски. Потом, почти всегда плохая погода – дождь или снег. Это значит, что дорога мокрая или скользкая. Далее, вас может остановить сотрудник ГИБДД и сказать, что вы нарушили правила уличного движения. Вы хорошо говорите по-русски? И наконец, самое главное, русские женщины за рулём! Сейчас их становится всё больше и больше, и что с этим делать, я не знаю. Ничего не стоит засмотреться и попасть в ДТП.

Короче говоря, я записался в автошколу. Попробуйте и вы. Если вы научились водить в Москве, то после этого вам ничего не страшно.

Часть 4. Упражнения

А) Интенции.

Уточнение высказывания (продолжение).

Приказ, категорическая просьба.

Б) Лексика и грамматика

Сравнительная степень прилагательных и наречий.

ВО-ПЕРВЫХ, … ВО-ВТОРЫХ,…. ПОТОМ,…. НАКОНЕЦ.

Суффикс –ОВАТ-

Императив глаголов движения с приставками.

Упр.1. Читайте предложения. Измените их, интонационно оформляя выделенные слова в отдельное предложение.

Образец: *Мы часто ездим К СВОЕМУ ДРУГУ в гости*

Мы часто ездим в гости. К своему другу.

1. Вы будете слушать теорию вождения ПО ВЕЧЕРАМ два раза в неделю.
2. Адреса фирм вы найдёте в любом, ДАЖЕ СТАРОМ справочнике.
3. Нам пришлось СРАЗУ ЖЕ вернуться.
4. ЧТОБЫ ПОЛУЧИТЬ ПРАВА, я решил закончить автошколу в Москве.
5. Из-за погоды и ИЗ-ЗА ПРОБОК водить машину в Москве очень очень трудно.
6. Он купил НОВУЮ иномарку.

7. Сейчас машина – это мои вторые ноги, ТОЛЬКО В ДЕСЯТЬ РАЗ БЫСТРЕЕ.
8. Вы хотите купить ЯПОНСКУЮ машину?

Упр. 2. Дополните фразу просьбой изменить характер движения по образцу:

Образец**: Не надо здесь стоять. (уходить)* ***Уходите!

Куда вы едете? (ехать направо) ***Поезжайте*** *направо!*

1. Здесь стоять опасно. (проходить вперёд)
2. Вам ничего не видно. (подойти ближе)
3. Вы едете очень быстро. (ехать медленнее)
4. Вы свободны сегодня вечером? (заехать в гости)
5. Я не хочу, чтобы ты опаздывал. (приходить пораньше)
6. Вы заняли моё место на парковке. (уезжать)

Упр. 3. Вставьте прилагательные в сравнительной степени. Запишите полученное предложение.

***Образец**: Бензин в России (дорогой), чем я думал.*

Бензин в России дороже, чем я думал

1. Дороги в Москве (опасный), чем я думал.

……………………………………………………

2. Его машина (хороший), чем моя.

……………………………………………………

3. Сегодня ситуация на дороге (плохой), чем вчера.

…………………………………………………………

4. Сдать на права (легкий), чем мне говорили.

…………………………………………………………

5. Эта улица (тихий), чем наша.

…………………………………………………………

6. В Москве взять машину в аренду (дешёвый), чем в Сеуле.

…………………………………………………………

Упр. 4. Пользуясь текстом (см. Часть 3) напишите рассказ « Почему он не водит машину в России», используя данные средства связи между абзацами. Перескажите его.

Во-первых, ...

....

....

Во-вторых, ...

....

....

Втретьих, ...

....

....

Потом, ...

....

....

Далее, ...

....

....

Наконец, ...

....

....

Упр. 5. С помощью суффикса –ОВАТ - выразите неполную степень качества, изменив данные прилагательные и наречия по образцу.

Образец: *У меня МАЛО денег.*

У меня МАЛОВАТО денег.

1. Это для меня ДОРОГО.
2. В России осенью ХОЛОДНО.
3. Он ГЛУП.
4. У неё красивая машина, такая ЗЕЛЁНАЯ.
5. У него новый мотоцикл, такой ЖЁЛТЫЙ.
6. Это МНОГО.
7. Это ТРУДНО.
8. – Как он себя чувствует?

   – ПЛОХО.

Упр. 6. Составьте пары синонимов.

ПДД, Московская кольцевая автомобильная дорога, Государственная служба безопасности движения, ДТП, серпантин, пробка, проезжая часть, парковаться, дорожно-транспортное происшествие (авария), дорога, ставить машину, МКАД, правила дорожного движения, ГИБДД, горная дорога, затор.

....

....

....

....

....

....

....

....

....

....

....

....

Часть 5. Аудирование

1. Слушайте диалоги, выберите правильный вариант ответа.

1	Кто с кем разговаривал?	А) мама с сыном Б) преподаватель со студентом В) девушка, которая ходит в автошколу, и инструктор
2	Антон будет пить апельсиновый сок, потому что...	А) он любит апельсиновый сок Б) он на машине В) у него нет денег на алкоголь
3	Вчера в центре Москвы была	А) авария Б) экскурсия В) выставка
4	Власти города сообщают, что	А) город очень красивый Б) в городе очень хорошая полиция В) в городе можно ездить быстро
5	Муж считает, что его жена	А) очень красивая Б) плохо водит машину В) хорошо водит машину
6	Здесь говорится о том, что	А) превышать скорость опасно Б) у вас есть ангел-хранитель В) не надо нарушать ПДД

1) – Извините, я забыла выучить правила уличного движения. Обещаю, что это в последний раз!

– Плохо. Через неделю будет практическое вождение, а вы совсем не готовы.

2) – Антон, что ты будешь пить?

– Апельсиновый сок, пожалуйста, я за рулём.

3) – Ты слышал, вчера в центре Москвы было страшное ДТП, один человек погиб.

– Ужас! Просто страшно садиться за руль!

4) Надпись перед въездом в город.

Если вы поедете медленно, то вы увидите наш город. Он очень красивый. Если вы поедете быстро, то вы увидите нашу тюрьму. Она очень сырая.

5) – Моя жена за рулём – как молния!

– Что так же быстро ездит?

– Нет, попадает в деревья.

6) Не водите машину быстрее, чем летает ваш ангел –хранитель!

2. Ситуация – ваше начало диалога.

Вы директор компании. Ваша машина застряла в пробке. Через 10 минут начинается важная для вас деловая встреча. Кому вы позвоните и что скажете?

....

....

....

Вы не сдали экзамен на водительские права. Как вы сообщите об этом маме.

....

....

....

Часть 6. Говорение

1. Разыграйте шуточные диалоги. Задайте вопросы.

Женщина во время учебного вождения жалуется сидящему рядом инструктору.

– Посмотрите на этих пешеходов! Они не знают элементарных правил дорожного движения. Одни бегут перед машиной, другие так и лезут под колёса.

– Спокойно! – говорит ей инструктор, - Лучше давайте, съезжайте с тротуара!

Вопросы:

1) Почему женщина думает, что пешеходы нарушают правила дорожного движения?
2) Как вы думаете, она получит права?

Водитель автобуса везёт пассажиров с огромной скоростью по узкому горному серпантину.

Один из пассажиров обращается к водителю:

– Вы можете ехать не так быстро, а то у нас все мелькает перед глазами!

– А вы сделайте так же, как я.

– Как?

– Закройте глаза.

Вопрос:

Как вы думаете, их путешествие закончится удачно? Почему?

2. Идея – ваше мнение. Прочитайте высказывания, данные ниже, выскажите своё мнение.

В городе надо ездить на велосипеде.

«В России нет дорог, в России есть только направления».

Хуже пешеходов, уткнувшихся в мобильники, только водители, уткнувшиеся в навигаторы.

ДТП случаются потому, что нынешние водители ездят по вчерашним дорогам на завтрашних машинах с послезавтрашней скоростью.

Часть 7. Тесты

1. Скажите «да» или «нет».

1) В России много корейских машин (да-нет)
2) В России дешёвый бензин (да-нет)
3)В России экзамен на права состоит из трех частей (да-нет)
4) В Москве очень выгодно брать машину в аренду. (да-нет)
5) Русские водители – самые вежливые водители в мире. (да-нет)
6) Русские любят немецкие машины, особенно марки «Мерседес» (да-нет)
7) В России права можно получить с 18-ти лет (да-нет)
8) На улицах российских городов всё чаще можно встретить женщину за рулём (да-нет)

2. Ответьте на вопросы.

1) Что такое «кореянка» и «японка» в речи русского автомобилиста?
«Кореянка»(한국여자)»와 «Японка»(일본여자)»는 러시아 운전자들 사이에서 무슨 의미일까요?

2) Что такое «блондинка за рулём»?
«운전대의 금발여자»는 무슨 의미일까요?

3) Русские автомобилисты в шутку говорят, что самое важное правило дорожного движения – это «правило трёх Д». Вы знаете, что это за правило?
러시아 운전자들은 농담으로 운전에 있어 가장 중요한 요소는 «3D»라고 한다. 그것이 무엇일까요?

Урок № 7. О чём можно говорить
(«Слово – не воробей, вылетит – не поймаешь»)

제 7과. 무엇에 대해 말할 수 있을까? («엎질러진 물은 다시 담을 수 없다»)

Часть 1. Слова и выражения

Болта́ть 수다떨다

Обсужда́ть 의논하다

Спо́рить (вести́ спор) 논쟁하다

Молча́ть (храни́ть молча́ние) 침묵시키다

Есть ещё оди́н моме́нт. 또 한 순간이 있다

Ну и что́? 그래서 뭐?

Речь идёт о… ~에 대해 이야기하다

Сло́во – не вороб́ей, вы́летит – не поймаешь! 엎질러진 물은 다시 담을 수 없다.

Болтун 수다쟁이

Болтовня́ 수다

Бесе́довать (вести́ бесе́ду) 대화하다

Обижа́ть 심하게 대하다

Нenaро́ком (нечаянно) 우연히

Обеща́ть 약속하다

Выполня́ть обе́щанное 약속을 지키다

Ру́сский национа́льный хара́ктер 러시아의 민족성

Запре́тная те́ма 금지된 주제

Скро́мность 겸손

Засте́нчивый 내성적인

Восприними́аться 받아들이다

Прямолине́йность 직설적임

Продвиже́ние вверх по служе́бной ле́стнице 출세

Инти́мные отноше́ния 친밀한 관계

Цини́зм 냉소주의

По́шлая шу́тка 천박한 농담

По́шлость 천박함

Разгово́ры ни о чём 쓸데없는 말

Тра́тить вре́мя 시간을 낭비하다

Уде́л мужски́х компа́ний 남자들의 대화 주제

Неприе́млемый 인정할 수 없는, 받아들이기 힘든

Цени́ть 귀엽게 여기다

Ка́чество обще́ния 대화의 품질

Глубина́ обще́ния 대화의 깊이

Интенси́вность обще́ния 대화의 강도

Поли́тика 정치

После́дние собы́тия 최근 사건

О́бщие филосо́фские пробле́мы 일반적인 철학문제들

Пробле́мы добра́ и зла 선악의 문제

Справедли́вость 공평함

Предме́т спо́ра 논쟁의 대상

Зазо́рный 부끄러운

Пробле́мы со здоро́вьем 건강의 관한 문제

Выра́жать сочу́вствие 위로의 말을 표하다

Жа́лостливость 측은함

Жа́ловаться на жизнь 삶에 대해 불평하다

Выставля́ть напока́з 과시하다

Боле́зни полово́й сфе́ры 성병

Геморро́й 치질

Поно́с 설사

Общи́тельный 활발한

Разгово́рчивый 수다스러운

Коммуника́бельный 사교적인

Молчали́вый 말수가 적은

Часть 2. Диалоги.

1. – Привет! У тебя есть время?
   – Да, пойдём в кафе, поболтаем.
   – Как раз времени болтать у меня нет, я хотел бы обсудить с тобой одну проблему.
   – Ладно, а в чём дело?
   – Речь идёт об Андрее. Ты знаешь, что он решил бросить университет?
   – Да я слышал об этом.
   – Так ведь он твой друг. Неужели тебе всё равно?
   – Скажешь тоже! Конечно, нет! К сожалению, спорить с ним бесполезно.

2. – Как вы понимаете русскую пословицу « Слово – не воробей, вылетит – не поймаешь»?
– Я думаю, что эта пословица говорит о том, что русские не любят болтунов.
– Ещё бы! А кто же их любит? Нет, по-моему, здесь речь идёт о том, что надо серьёзно относиться к своим словам. И ещё выполнять обещанное.
– Да, пожалуй, вы правы.
– И есть ещё один момент. Надо так вести беседу, чтобы нечаянно не обидеть собеседника каким-нибудь неосторожным замечанием.
– Да , но это не так просто!

Часть 3. Текст

О ЧЁМ МОЖНО И О ЧЁМ НЕЛЬЗЯ ГОВОРИТЬ

У русских есть запретные темы для разговоров. Имейте в виду, что у русских неприлично себя хвалить. Скромность – это одно из главных достоинств русского человека. Русские застенчивы, когда речь идёт о деньгах. Стремление всё сразу прояснить при обсуждении финансовых вопросов русскими воспринимается как излишняя прямолинейность. Разговоры о карьере, о продвижении вверх по служебной лестнице тоже считаются нескромными, неделикатными. О сексе, любви, интимных отношениях у русских в обществе беседовать не принято. Русские не любят цинизма, грубых, пошлых шуток и анекдотов. Многие шутки иностранцев русским кажутся грубоватыми, вульгарными, недостаточно изящными.

Не приветствуются разговоры ни о чём. «Пустыми», неинтересными считаются беседы о погоде. По мнению русских, глупо тратить время на болтовню о еде и ценах на еду. Беседы о футболе или о марках машин и пиве – удел исключительно мужских компаний.

Русские ценят качество, глубину и интенсивность общения. Они откровенны и серьёзны в разговоре. О чём же обычно говорят русские? Традиционно - о политике, о последних событиях в стране и мире.

Русские любят обсуждать последние события культурной жизни: новые фильмы, выставки, книги. Такие беседы обычно переходят в обсуждение общих философских проблем. Вечные темы: проблемы добра и зла, любви, справедливости часто становятся предметом спора у русских.

Последнее время они с интересом обсуждают вопросы, связанные с религией. Русские охотно рассказывают о поездках и об отдыхе. Особая тема – дети и семья. Русские откровенно делятся не только успехами своих детей, но и проблемами семейной жизни.

Нет ничего зазорного, если вы пожалуетесь на проблемы со здоровьем. Окружающие выразят вам сочувствие, начнут давать советы по лечению, принесут лекарства. Жалостливость – это национальная русская черта. Имейте в виду, что не все болезни принято выставлять напоказ. Неприлично говорить о болезнях половой сферы или, например, о геморрое и о поносе.

Часть 4. Упражнения

А)Интенции. Выражение согласия ЕЩЁ БЫ! ТО ЕСТЬ! и несогласия НУ ДА! НЕТ, ЧТО ВЫ! СКАЖЕТЕ ТОЖЕ! НУ НЕТ, НЕ СКАЖИТЕ!
Элементы спора.
Выражение возражения ХОТЯ, ЗАТО, И ВСЁ-ТАКИ.

Б) Лексика и грамматика
Глаголы речи. ГОВОРИТЬ-СКАЗАТЬ, БЕСЕДОВАТЬ-ПОБЕСЕДОВАТЬ, БОЛТАТЬ-ПОБОЛТАТЬ, РАЗГОВАРИВАТЬ, РАССКАЗЫВАТЬ-РАССКАЗАТЬ, ОБСУЖДАТЬ-ОБСУДИТЬ.
Противопоставление С ОДНОЙ СТОРОНЫ, С ДРУГОЙ СТОРОНЫ

Упр. 1. Прочитайте диалоги. Дополните их выражениями, выражающими согласие/несогласие.

Образец:

1. – С Антоном интересно разговаривать.
– Он умеет не только говорить, но и слушать собеседника.

– С Антоном интересно разговаривать.
*– **Ещё бы! (То есть!)** Он умеет не только говорить, но и слушать собеседника.*

2. – С Антоном интересно разговаривать.
– По-моему, он не умеет вести беседу.

– С Антоном интересно разговаривать.

– Ну да! (Нет, что вы (ты)? Скажешь (-ете) тоже! Ну нет, не скажи (-те)!) *По-моему, он не умеет вести беседу.*

1. – Он не любит серьёзные разговоры.
   – Он говорит только о пиве и девушках.

2. – Русские никогда не разговаривают о политике.
   – У них любимая тема разговоров – это Россия и Америка.

3. – Антон прекрасно говорит по-корейски.
   – Он учился в Москве и в Сеуле.

4. – Когда он жил в Москве, ему нравилось водить машину.
   – Там же одни пробки!

5. – Надо бросить курить. Как ты думаешь?
   – Это очень вредно!

6. – Я не люблю, когда мне говорят комплименты.
   – А мне всегда очень приятно!

Упр. 2. Дайте подходящую реплику. Используйте частицы ХОТЯ или ЗАТО.

Образец: *1. – Жить в России трудно.(интересно)*

– Да, жить в России трудно, ***зато*** *интересно.*

2. – Жить в России интересно.(трудно)

– Да, жить в России интересно, ***хотя*** *трудно.*

1. Я знаю, ты не любишь кофе. (чай)

....

2. Нужно пригласить Антона (с ним очень скучно)

....

3. Девушки не любят болтать о футболе. (о модной одежде)

....

4. Я ненавижу рано вставать! (можно всё успеть)

....

5. Ольга очень красивая девушка. (немного глупая)

....

6. Ездить в метро в час пик неудобно. (быстро)

....

Упр. 3. Добавьте подходящее возражение с помощью ХОТЯ, И ВСЁ-ТАКИ, НО ЗАТО

Образец: *Люди достойны уважения.*

Люди достойны уважения, ***хотя*** *не все.*

1. Жизнь трудна.

....

2. Русские любят жаловаться на жизнь.

....

3. Правда бывает обидной.

....

4. С русским приятно поговорить.

....

5. Он любит поболтать о футболе.

....

6. Разговоры о болезнях – это скучно!

....

Упр.4. Употребите подходящий по смыслу глагол речи.
Слова для справок: ГОВОРИТЬ-СКАЗАТЬ, БЕСЕДОВАТЬ-ПОБЕСЕДОВАТЬ, БОЛТАТЬ-ПОБОЛТАТЬ, РАЗГОВАРИВАТЬ, РАССКАЗЫВАТЬ-РАССКАЗАТЬ, ОБСУЖДАТЬ-ОБСУДИТЬ.

1. – Что вы делали вчера?

   – Встречался с друзьями. Мы сидели в кафе и ....

2. Мои дедушка и бабушка любят сидеть по вечерам и .... за чашкой чая.

3. Завтра у нас будет заседание кафедры. Пора .... некоторые вопросы.

4. – У тебя есть время! Пойдем в кафе, ...?

   – Нет, сейчас нет времени на болтовню. Как-нибудь потом.

5. Когда Иван вернулся из путешествия, он ....нам о своих впечатлениях.

6. Он ...., что не сможет прийти завтра.

Упр. 5. Прочитайте выражения, где употребляется слово «ЯЗЫК» в значении «ОРГАН РЕЧИ». Дайте правильные определения словам и выражениям из левого столбика.

болтать	держать язык за зубами
хранить секрет (тайну)	прикусить язык
вовремя перестать говорить	чесать (трепать) языком
неспособность правильно и грамотно говорить	хороший язык
способность высмеивать недостатки	тянуть за язык
заставлять говорить	острый язык
болтливость	длинный язык
способность правильно и грамотно говорить	плохой язык

Упр. 6. Объясните смысл русских пословиц «Слово – серебро, молчание – золото» и «Язык до Киева доведёт». Запишите полученные высказывания. Используйте выражения:

С ОДНОЙ СТОРОНЫ, С ДРУГОЙ СТОРОНЫ

С одной стороны, ...

....

....

С другой стороны, ...

....

....

Часть 5. Аудирование

1. Слушайте диалоги, выберите правильный вариант ответа.

1	Болтун – это человек, который	А) много говорит и много делает Б) мало говорит и ничего не делает В) много говорит и ничего не делает
2	Смысл этого афоризма в том, что человеку трудно	А) научиться молчать Б) научиться говорить В) научиться хранить тайну
3	Доклад профессора Иванова был	А) длинным Б) трудным В) бессодержательным

4	Оля не идёт в гости, потому что ей не нравится	А) Антон Б) разговор о футболе В) пицца
5	Миша не согласен	А) идти в Русский центр Б) что будет беседа о кино В) что приедут русские артисты
6	Иван	А) ненадёжный человек Б) нечестный человек В) слабый человек

1) Есть люди, которые очень много и красиво говорят, обещают, но ничего при этом не делают. В России их называют болтунами.

2) «Человеку нужно два года, чтобы научиться говорить, и шестьдесят лет, чтобы научиться держать язык за зубами». Л. Фейхтвангер.

3) – Вы были вчера на собрании?
– Да.
– А я не смог, у меня было срочное дело. Вам понравился доклад профессора Иванова?
– Нет, что вы! Вы ничего не потеряли. В докладе было много воды.

4) – Оля, Антон приглашал нас в гости. Может, пойдём?
– А кто ещё там будет?
– Максим.

– Максим? Он всё время говорит о футболе. Я не хочу слушать истории о футболе весь вечер.

– Зато там будет пицца и белое вино!

– Я люблю пиццу, но всё равно иди без меня.

5) Миша: – Что вы будете делать завтра?

Марина и Таня: – Мы пойдём в Русский центр на беседу.

Миша: – Интересно... А какая тема?

Марина и Таня: – Современное русское кино. Приедут артисты из России.

Миша: – Ну да! Скажете тоже! Не будет этого.

6) – Привет! Ты знаешь Ивана? Что он за человек? Ему можно поручить ответственное дело?

– Он много болтает, но мало говорит.

2. Ситуация – ваша реакция.

Ваши русские друзья увлечённо спорят о том, что такое любовь. Они спрашивают ваше мнение.

....

....

....

....

Ваш друг думает, что «держать язык за зубами» - это значит «много разговаривать»

....

....

....

....

Часть 6. Говорение

1. Разыграйте шуточный диалог. Задайте вопрос.

Разговаривают Антон и его друг.

– Я так больше не могу. Вот уже три месяца жена со мной не разговаривает.
  Завтра же пойду и разведусь.
– Зачем? Где ты найдешь такую замечательную жену?

Вопрос: Почему друг говорит, что у Антона очень хорошая жена?

2. Идея – ваше мнение. Прочитайте высказывания, данные ниже, выскажите своё мнение.

Надо, чтобы мыслям было тесно, а словам просторно.
Чем меньше у человека мыслей, тем больше он любит ими делиться.
Настоящий друг должен понимать меня без слов.
«Мысль изреченная есть ложь». Ф. Тютчев

Часть 7. Тесты

1. Ответьте «да» или «нет».

1) У русских нет запретных тем для разговоров (да-нет)

2) Русские ценят глубину общения (да-нет)

3) Русские считают разговоры о еде очень содержательными (да-нет)

4) Русские не любят говорить о болезнях – это запретная тема (да-нет)

5) У русских не принято говорить о своих успехах, о своём продвижении по служебной лестнице (да-нет)

6) Жалостливость – это национальная русская черта (да-нет)

7) Анекдоты о родителях (“your momma” jokes) – это не принято у русских. (да-нет)

2. Ответьте на вопросы.

1) Почему русские не очень любят разговаривать о погоде?
왜 러시아인들은 날씨에 대한 대화를 좋아하지 않을까요?

2) Какие запретные темы для разговоров есть у русских?
러시아인들의 대화에 있어 금지된 주제란 어떤 것이 있을까요?

3) Почему русские любят разговаривать о болезнях?
왜 러시아인들은 병에 대한 이야기를 좋아할까요?

Урок № 8. Еда («Меньше ешь – дольше живешь.»)

제8과. 음식. (적게 먹을수록 오래산다.)

Часть 1. Слова и выражения

Обижа́ться 불쾌해 하다.

Сала́тик 샐러드

Ча́шечка ча́ю 차 한잔

Печь пиро́г 파이를 굽다

Сиде́ть за компа́нию 동석하다

Отка́зываться 거절하다

Про́сто кошма́р! 악몽이다

Начи́нка 속에 든 것

На тебя не угоди́шь! 도무지 너의 기분을 맞출 수 없어!

Перекуси́ть 간식먹다

Угова́ривать 설득하다

Пирожо́к с я́блоками 애플 파이

Пиро́жное 다과

Шокола́дная конфе́та 초콜릿 사탕

Сладкое́жка 단 것을 좋아하는 사람

Сла́дкое – э́то моя́ сла́бость! 단것은 나의 약점이다

Признава́ться 인정하다

Сты́дно призна́ться 인정하기 부끄럽다

Корми́ть 먹이다

Сажа́ть за стол 식탁에 앉히다

Сы́тный 성찬한

Борщ с мя́сом и со смета́ной 보르쉬 (빨간 순무가든 러시아식 수프)

Уха́ 생선국

Жа́реное мя́со с карто́шкой и сала́том 감자와 샐러드가 들어있는 고기 볶음

Чай с то́ртом 케이크와 차

Ру́сская ку́хня 러시아식 요리

Жи́рный 기름진

Пита́тельный 영양가 있는

Мазать 바르다

То́лстый слой ма́сла 버터를 많이 바르다

Произноси́ть тост 축배를 제안하다

Икра́ (кра́сная икра́, чёрная икра́) 캐비어(빨간 캐비어/검정 캐비어)

Шашлы́к 꼬치 구이

Пельме́ни 고기 만두

Винегре́т 러시아식 냉채(삶은 감자, 야채에 식초나 기름을 친 것)

Поправля́ться (толсте́ть) 살찌다

Худе́ть 야위다

Сла́дкое 단맛

Го́рькое 쓴맛

О́строе 매운맛

Ки́слое 신맛

Солёное 짠맛

Переноси́ть/не переноси́ть (о́строе...) 매운 것을 먹다/못 먹다

Экзоти́ческие блю́да 이국적인 요리

Аллерги́я 알레르기

Проду́кты мо́ря 해물

Вегетариа́нец 채식주의자

Бутербро́д 샌드위치

Гостеприи́мство 환대

Часть 2. Диалоги.

1. – Проходите, садитесь, обед на столе!
   – Спасибо, но я совсем не голоден!
   – Ну что вы, я обижусь! Моя жена специально испекла пирог к вашему приходу.
   – Нет, спасибо, я не хочу.
   – Ну, хоть посидите с нами за компанию! Попробуйте салатик или выпейте чашечку чаю.
   – Извините, но салат я не буду, а вот от чая не откажусь.

2. – Ты хочешь есть?
   – Да, я голодный, как волк.
   – Пошли в столовую.
   – Нет, ни за что! Я – против! Там так кормят, просто кошмар!
   – Ну тогда пошли на улицу в «Картошку-крошку». Ты какие начинки возьмешь?
   – Ты что с ума сошёл? Никогда! Там даже сесть негде!

– Ну знаешь, на тебя не угодишь! У нас мало времени. Сейчас можно перекусить, а вечером пойти в ресторан нормально поужинать.

– Ну ладно, уговорил.

3. – Ура! Сегодня мы едем в гости к маме. Она приготовит мои любимые пирожки с яблоками. Как давно я их не ел! Ужас, как хочется.

– Ты такой сладкоежка!

– Да, сладкое – это моя слабость! Стыдно признаться, но без пирожных или шоколадных конфет я просто не могу. Даже вино я люблю только сладкое.

Часть 3. Текст

ЕСТЬ ПО-РУССКИ

Для меня есть по-русски – это значит, во-первых, есть очень много и, во-вторых, вкусно и долго. Я поняла, что русским очень важно накормить человека и накормить его хорошо. Когда я прихожу в гости, меня сразу сажают за стол и предлагают поесть. Если я не хочу есть и отказываюсь, то русские обижаются. А если я соглашаюсь, то потом мне трудно встать и сразу хочется спать. Если вы попали на обед, то я вам не завидую. Вас не отпустят, пока вы не съедите первое, второе и сладкое. Всё очень сытное. Борщ с мясом и со сметаной или уха – это очень здорово. Но только если после них не идёт жареное мясо с картошкой и салатом, а потом чай с тортом. Русская кухня очень жирная и питательная. В жареную картошку они кладут сметану. На хлеб они мажут толстый слой масла. Чай они пьют с сахаром. А если это праздничный ужин, то на столе обязательно будет водка или вино, и вас заставят произносить тост. А икра! А шашлык! А пельмени! А винегрет! А как вкусно можно поесть в ресторане «Ёлки-палки»! И совсем недорого. Я прожила в Москве полгода и поправилась на 3 килограмма. Кошмар!

Часть 4. Упражнения

А) Интенции.

Отказ. НИ ЗА ЧТО! НИ ПОД КАКИМ ВИДОМ!

Я – ПРОТИВ! ЕРУНДА!

Радость. УРА! Я иду в мой любимый ресторан!

Негодование. КОШМАР!

Я поправилась на три килограмма за месяц!

Б) Лексика и грамматика

Виды глагола

Уменьшительно-ласкательные суффиксы

Упр. 1. Откажитесь от предложения, употребив выражения: НИ ЗА ЧТО! НИ ПОД КАКИМ ВИДОМ! Я – ПРОТИВ.

Образец: *– Пойдем в этот ресторан!*

*– **Ни за что!** Там дорого.*

1. Попробуй этот пирожок с мясом!

.... Я не ем мясо.

2. Давайте сходим поужинать!

.... Я еще не хочу есть.

3. Ты хотела бы попробовать жареную лягушку?

.... Я не люблю экзотические блюда.

4. Вы можете есть продукты моря?

.... У меня на них аллергия.

5. Пойдёмте в китайский ресторан!

.... Пойдёмте лучше в корейский.

6. Она любит кимчи?

.... Она не переносит острое.

Упр. 2. Сделайте высказывание более эмоциональным, употребив выражения УРА! или КОШМАР! Запишите полученное высказывание.
Образец: *– Я поправилась на три килограмма.*
*– **Кошмар!** Я поправилась на три килограмма.*

1. Мы едем в Париж.

....

2. В этом ресторане всё очень дорого.

....

3. Здесь всегда несвежий хлеб.

....

4. Папа обещал купить мне мороженое.

....

5. Моя собака так много ест.

....

6. Наконец-то я похудела.

....

Упр. 3. Употребите глагол нужного вида в правильной форме. Следите за употреблением предлога ЗА в предложениях с глаголами совершенного вида. Запишите полученное предложение.

1. Андрей (поправляться-поправиться) на два килограмма за месяц.

....

2. Моя подруга (худеть-похудеть) уже полгода.

....

3. Она (варить-сварить) яйца за пять минут.

....

4. Они (обедать-пообедать) целый час.

....

5. Мария (готовить-приготовить) обед за два часа.

....

6. Антон (жарить-пожарить) мясо пятнадцать минут.

....

7. Он (завтракать-позавтракать) за три минуты.

....

8. Она (заваривать-заварить) чай за пять минут.

....

Упр. 4. Прочитайте предложения. Измените существительные по образцу. Подумайте, что изменилось в содержании предложений.

Образец: *Карандашика не найдётся?*

Карандаша не найдётся?

1. Ах, какой вкусный тортик!
2. Положите мне, пожалуйста, ещё одну котлетку!
3. Можно ещё хлебушка?
4. А сметанки можно?
5. Моё любимое блюдо – это жареная картошечка.
6. Вы уже попробовали этот салатик с курочкой?
7. Селёдочка – это лучшая закуска.
8. Ты не забыл купить молочка?

Упр. 5. Скажите, что неправильно в следующих высказываниях. Напишите правильный вариант.

1. Я купила пачку хлеба и буханку молока.

....

2. Он вегетарианец. Каждый день он съедает кусок свинины.

....

3. Таня любит сладкое: торт и бифштекс.

....

4. В ресторане нам подали уху из помидоров.

....

5. Вот бутылка сахара и пачка пива.

....

6. Он всегда заказывает апельсиновый суп.

....

Упр. 6. Передайте смысл рекомендаций врача с помощью императива.

Образец: *Я хочу, чтобы вы попробовали это блюдо.*

Попробуйте *это блюдо!*

1. Вам следует сбросить лишний вес.

....

2. Вам необходимо есть меньше соли.

....

3. Полезно начинать обед с салата из свежих овощей.

....

4. Я считаю, что вы должны пить не меньше двух литров воды в день.

....

5. Вам нужно питаться разнообразно.

....

6. Я советую вам попробовать этот сок. Он очень вкусный и полезный.

....

Упр. 7. Найдите в каждом ряду лишнее слово, объясните свой выбор.

Молоко, сметана, йогурт, пиво, сыр, кефир.

Яблоко, огурец, груша, слива, персик, банан.

Сок, минеральная вода, соджу, кофе, какао.

Треска, селёдка, лосось, краб, форель.

Свинина, говядина, телятина, малина.

Морковь, капуста, апельсин, картошка, помидор.

Пицца, блины, шашлык, борщ, чёрная икра.

Упр.8. Найдите среди данных слов и словосочетаний слово или словосочетание, обозначающее родовое понятие.

Посуда, чашка, ложка, тарелка, блюдце, нож, кастрюля.
Чай, кофе, напиток, водка, вино, морс, квас, пиво.
Шоколад, десерт, мороженое, торт, конфеты, фрукты.
Салат, стэйк, блюдо, котлета, рагу, суп, пельмени, пульгоги.
Мясо, рыба, овощи, фрукты, продукты, грибы, соленья, масло, мука, рис.
Пряности, красный перец, кардамон, гвоздика, лавровый лист, черный перец.
Зелёный лук, петрушка, укроп, зелень, базилик.

Часть 5. Аудирование

1. Слушайте диалоги, выберите правильный вариант ответа.

1	Лицо становится меньше, но грустнее, если	А) сидеть на диете Б) сидеть на диване В) не отдыхать
2	Кто с кем разговаривал?	А) мама с соседкой Б) босс с сотрудником В) молодые люди с официантом
3	Он хочет	А) один бутерброд с колбасой Б) два бутерброда с сыром В) три бутерброда с икрой

4	Оля очень любит сладкое	А) но она не любит шоколад Б) и она попробует шоколад В) но она откажется от шоколада
5	Они познакомились.... *Когда это было?*	А) когда стояли в очереди в русский ресторан Б) когда ужинали в итальянском ресторане В) когда стояли в очереди в итальянский ресторан
6	Подруга хочет выйти замуж за человека	А) который умеет готовить Б) у которого есть машина В) который очень хорошо готовит

1) – Я заметил, что если не есть хлеб, сахар, жирное мясо, не пить пиво, то лицо становится меньше, но грустнее.

2) – Молодые люди, почему вы так долго выбираете? Быстрее, смотрите, сколько у меня посетителей кроме вас!
– Хочу вам сказать, что вы не очень хороший официант!

3) – Что ты хочешь? Хочешь бутербродик с колбаской?
– Нет, лучше три! И с икоркой!

4) – Оля, посмотри, что у меня есть! Будешь?
– Да, когда дело доходит до шоколада, сопротивляться бессмысленно.

5) – Вы уже ужинали здесь?

– Да, здесь отлично готовят, особенно пиццу. Оставайтесь, мы можем хорошо провести время. Как вас зовут?

– С удовольствием! Меня зовут Татьяна.

6) Моя подруга говорит: «Муж с машиной - ерунда, муж готовит - это да!»

2. Ситуация – ваша реакция.

У вас есть брат, ему нужна серьёзная диета. Он купил шоколадный торт и говорит: «Давай попробуем!»

....

....

....

....

Вы в гостях. Вы не любите борщ и пельмени, а ваш русский друг говорит: « Моя мама приготовила это специально для тебя!»

....

....

....

....

Часть 6. Говорение.

1. Разыграйте шуточные диалоги. Задайте вопросы.

1) Муж говорит жене:

– Что такое! Я пришёл с работы. А обед ещё не готов! Я иду в ресторан.

– Подожди полчаса!

– Что, через полчаса обед будет готов?

– Нет. Я оденусь и пойду с тобой.

Вопрос:

Почему жена попросила подождать её полчаса?

2. – Представляешь! Мы с мужем ссоримся уже целый месяц. Я так страдаю, что уже похудела на три килограмма.

– Так почему бы тебе не помириться с ним?

– Не могу, мне надо похудеть ещё на два!

Вопрос:

Почему жена не хочет мириться с мужем?

3. Составьте, запишите и перескажите рассказ на тему «Есть по-корейски»

Слова для справок: КИМЧИ, ПУЛЬГОГИ, БИБИМБАП, КАЛЬБИ, САМГЁПСАЛЬ

단어보기) 김치, 불고기, 비빔밥, 갈비, 삼겹살

Мы, корейцы, любим вкусно поесть. ....

....

....

....

....

....

....

....

4. Идея – ваше мнение. Прочитайте высказывания, данные ниже, выскажите своё мнение.

Много есть – вредно, а мало – скучно!

Умел в гости звать – умей и угощать!

Путь к сердцу мужчины лежит через его желудок.

Здоровое питание и диета – это одно и то же.

Часть 7. Тесты

1. Скажите «да» или «нет».

1) Русские пьют чай с сахаром. (да-нет)
2) Русские мужчины не снимают головной убор перед тем, как сесть за стол. (да-нет).
3) Русские обижаются, если вы в гостях отказываетесь от еды. (да-нет)
4) Русские не берут последний кусок на тарелке. (да-нет)

5) У русских принято чавкать за едой. (да-нет)
6) Русские едят медленно и обычно за едой беседуют. (да-нет)
7) У русских принято обязательно выпивать всю бутылку вина или водки. Оставлять открытую (начатую) бутылку нехорошо. (да-нет)
8) У русских сидеть на углу стола – хорошая примета. (да-нет)
9) Русские пьют алкогольные напитки без тоста. (да-нет)

2. Ответьте на вопросы.

1) Почему русским так важно накормить гостя?
왜 러시아 사람들에게는 손님접대가 중요할까요?

2) Из скольких блюд состоит обычный русский обед?
보통 러시아식 점심은 몇 개의 코스로 구성되어 있나요?

3) Какая разница между русскими выражениями: «На здоровье!» и «За здоровье!»?
«На здоровье!»와 «За здоровье!»의 차이점이 무엇일까요?

Урок № 9. Компьютер «Машины должны работать. Люди должны думать. (Девиз компании IBM)»

제9과. 컴퓨터. «기계는 움직여야한다. 사람은 생각해야한다. (IBM사의 데이비스)»

Часть 1. Слова и выражения

Информа́тика 정보학

Компью́терная програ́мма 컴퓨터 프로그램

А ка́к же! 그럼

Само́ собо́й! (Само́ собо́й разуме́ется) 물론

Компью́терная ба́за 컴퓨터 데이터

Компью́тер после́дней моде́ли 최신 모델 컴퓨터

Сайт 사이트

А ты ду́мал! 당연하지

Создава́ть сайт 사이트 만들다

Ты чего́ (почему) тако́й весёлый? 너 왜 이렇게 신났어?

Подключа́ться к интерне́ту 인터넷 연결하다

Моде́м 모뎀

Прова́йдер 인터넷 프로바이더

Вот э́то да-а-а! 대단하다

Осва́ивать компью́тер 컴퓨터 마스터하다

Не обойти́сь 없으면 안 된다

Програ́ммное обеспе́чение (ПО) 소프트웨어

Обновля́ть програ́ммное обеспе́чение 소프트웨어를 개선하다

Па́почка (па́па) 아버지(아빠)

Сию́ секу́нду! 당장

Сиде́ть в интерне́те 컴퓨터하다.

Беспла́тный до́ступ 무료 인터넷 접속

Персона́льный компью́тер (ПК) PC

Те́хника 장비

Преиму́щество 우월

До́ступ к информа́ции 정보에 대한 접근

Социа́льная сеть 소셜 네트워크

Прести́жно 명성한

Интерне́т-магази́н 인터넷 상가

Он-ла́йн услу́ги (он-ла́йн се́рвис) 온라인 서비스

Одна́ко 하지만

Кругозо́р 시야

По́льзователь 사용자

Виртуа́льное простра́нство 가상 공간

Реа́льная/виртуа́льная действи́тельность 현실/가상 공간

Наноси́ть вред 해를 끼치다

Предупрежда́ть 예고하다

Компью́терная зави́симость 컴퓨터 중독

Необрати́мые психи́ческие наруше́ния 회복 불가능한 정신적인 장애

Часть 2. Диалоги

1. – У вас читают информатику?
   – Изучение компьютера, его возможностей и разные компьютерные программы? А как же! Конечно, читают.
   – А какие у вас компьютеры?
   – К сожалению, компьютерная база в университете не самая новая. Особенно по сравнению с другими университетами. Мне пришлось купить себе компьютер последней модели и заниматься самому.
   – А у тебя есть свой сайт?
   – А ты думал! Я ведь много путешествую, поэтому создал свой собственный сайт, чтобы размещать там фотографии.

2. – Привет, Максим!
   – Привет, ты чего такой весёлый?
   – Я купил себе новый компьютер, а старый отдал бабушке. Обновил программное обеспечение и подключил её к Интернету, представляешь?
   – А она?
   – Она очень рада, говорит: «Спасибо, теперь весь мир в моём распоряжении!».
   – Да, кто бы мог подумать! Она освоила компьютер? Невероятно! Вот молодец, твоя бабушка!
   – Без компьютера и без Интернета теперь не обойтись.

3. – Дети, выключайте компьютер! Пора спать!

– Папочка, ну, пожалуйста! Ещё 15 минут! Мы должны закончить игру!

– Сию секунду выключайте! Иначе отключу Интернет.

Часть 3. Текст

КОМПЬЮТЕР В НАШЕЙ ЖИЗНИ

Самой популярной техникой для дома и офиса является персональный компьютер (ПК). Многие люди используют его и для отдыха, и для работы. С его помощью можно смотреть видео и кинофильмы,

работать с документами, обрабатывать фото и видеофайлы, делать домашние задания и играть в компьютерные игры. Но главное преимущество компьютера не в этом. Интернет даёт доступ к любой информации. С его помощью можно за несколько секунд перевести или получить деньги, найти нужного человека, купить билет на самолёт, поговорить по видеосвязи со знакомыми. По Скайпу вы можете видеть человека, который находится за несколько тысяч километров от вас, и разговаривать с ним. В социальных сетях можно найти новых друзей.

ПК – это всегда престижно и удобно. Некоторые люди без него просто не представляют себе жизни. Сейчас многое - банковские системы, торговые сети, транспорт, сфера образования и науки, медицина - работает на базе ПК. Нашу жизнь уже невозможно представить без компьютера. В Интернете есть много дешёвых интернет-магазинов и различных онлайн-услуг. Однако некоторые люди продолжают спорить о том, что же на самом деле принесли человечеству компьютерные технологии - добро или зло.

Да, у людей расширяется кругозор, но вместе с этим у многих ухудшается здоровье. Спорт и физкультура всё меньше и меньше находят себе место в нашей жизни. А ведь потерять здоровье легко, а вот восстановить его очень сложно. Пользователи компьютера (особенно дети и подростки) часами находятся в виртуальном пространстве, забывая о свежем воздухе, тем самым нанося себе огромный вред.

Психологи и врачи предупреждают об опасности компьютерной зависимости. Эта болезненная необходимость постоянно находиться рядом с включённым компьютером приводит к замене реальной действительности на виртуальную и к необратимым психическим нарушениям.

Часть 4. Упражнения

А) Интенции – выражение высокой степени положительной (иногда и отрицательной) оценки и удивления.

КТО БЫ МОГ ПОДУМАТЬ! А ТЫ ДУМАЛ! НЕВЕРОЯТНО!

ПОТРЯСАЮЩЕ! ВОТ ЭТО ДА-А-А!

ВОТ ЗДОРОВО!

Выражение утверждения.

А КАК ЖЕ! САМО СОБОЙ!

НУ ЧТО ТЫ!

КАК ЖЕ НЕТ?

Б) Лексика и грамматика

Деепричастия совершенного и несовершенного вида.

Глаголы типа РАСШИРЯТЬСЯ (СТАНОВИТЬСЯ ШИРЕ), УЛУЧШАТЬСЯ (СТАНОВИТЬСЯ ЛУЧШЕ)

Упр. 1. Дайте ответную реплику с помошью повторения исходной фразы (переспрос) и выражения положительной оценки : ВОТ ЭТО ДА-А-А! ПОТРЯСАЮЩЕ! НЕВЕРОЯТНО! НАДО ЖЕ! Запишите полученную фразу.

Образец:

– Мы купили сыну новый компьютер!

– Вы купили сыну новый компьютер?Вот это да-а-а!

1. Я купил кроссовки в Интернет-магазине в два раза дешевле.

....

2. Авиабилеты через Интернет – это очень выгодно.

....

3. Она нашла себе мужа по Интернету.

....

4. Мы уже давно не ходим в кино. Мы смотрим фильмы на сайте www.nashekino.ru.

....

5. Он сидит за компьютером только полчаса в день.

....

6. Они нашли в Интернете дешёвые билеты на концерт Lady GAGA.

....

Упр. 2. Выразите высокую степень положительной / отрицательной оценки с помощью выражений ВОТ ЗДОРОВО! или КАК ЭТО УЖАСНО!

Образец:

– Ты слышал новость? У Ивана сломался жёсткий диск.

*– **Как это ужасно!***

1. У меня завис компьютер. Вся работа остановилась!

....

2. Андрей стал директором компьютерной фирмы.

....

3. Вирус испортил все наши программы.

....

4. Анне подарили новый компьютер.

....

5. Сегодня Интернет плохо работает. Проблемы со связью.

....

6. Какой-то хакер подключился к моему компьютеру и скачал мои файлы.

....

Упр. 3. Выразите возражение с оттенком удивления. Запишите полученную фразу.

Образец:

– У него ***нет*** *интернета.*

– Ну что ты! Как же нет! ***Есть!***

1. Он **не купил** электронный словарь Мультилекс.

....

2. Ты слышал? Она **не пользуется** Скайпом.

....

3. Вы видели Антона? Он **не едет** в Америку работать в фирме IBM.

....

4. Я слышал, твой компьютер **не работает**.

....

5. Они **не поменяли** программное обеспечение.

....

6. Он так и **не подключился** к Интернету.

....

Упр. 4. Выберите нужные деепричастия. Запишите полученные предложения. Замените предложения с деепричастными оборотами сложными предложениями. Запишите полученные предложения. Союзы для вставки: КОГДА, ПОСЛЕ ТОГО, КАК, ЕСЛИ,… ТО, ТАК КАК..

1. (Проверяя-проверив) почту, я одновременно слушал музыку.

....

....

2. (Проверяя-проверив) почту, я вышел из Интернета.

....

....

3. Каждый раз (выключая-выключив) компьютер, вы оказываетесь в ужасной пустоте.

....

....

4. (Выключая-выключив) компьютер, вы потеряли связь с Интернетом.

....

....

5. Каждый день (вставая-встав) рано утром, он успевает очень много сделать.

....

....

6. (Вставая-встав) в три часа ночи, он остался у компьютера и просидел за ним до утра.

....

....

Упр. 5. Замените данные в предложении глаголы по образцу.
Слова для справок: ХОРОШИЙ- ЛУЧШЕ, ПЛОХОЙ-ХУЖЕ, ШИРОКИЙ-ШИРЕ, УЗКИЙ-УЖЕ, СИЛЬНЫЙ-СИЛЬНЕЕ, СЛАБЫЙ-СЛАБЕЕ, БОЛЬШОЙ-БОЛЬШЕ, МАЛЕНЬКИЙ-МЕНЬШЕ
단어 보기) 좋은, 나쁜, 넓은, 좁은, 강한, 약한.

***Образец**: Их кругозор **расширяется**.*

*Их кругозор **становится шире**.*

1. Наша жизнь постепенно улучшается.
2. Виртуальное пространство всё время расширяется.
3. Роль компьютеров в нашей жизни увеличивается.
4. Экологическая обстановка в мире ухудшается.

5. Влияние компьютерных технологий усиливается.

6. Связь между реальным и виртуальным миром ослабевает.

7. Реальное, живое общение по времени уменьшается.

8. У старых людей кругозор сужается.

Упр. 6. Прочитайте слова и выражения, данные в таблице. Дополните таблицу другими известными вам компьютерными словами. Обратите внимание на те русские компьютерные слова, которые имеют соответствия в английском и корейском языках.

Русский язык	English	Корейский язык
компьютер (комп)	computer	
включать компьютер	to turn on a computer	
выключать компьютер	to turn off a computer	
сайт	site	
файл	file	
мышь	mouse	
плейер	player	
флешка	USB	
железо	hard wire	
программное обеспечение (ПО)	soft wire	
обновлять, апгрейдить ПО (делать апгрейд)	to upgrade a soft wire	
загружать контент (файл, программу)	to download	
стирать, удалять (файл, программу)	to delete	
Интернет (инет)	Internet	

входить в Интернет	to go (to get) online	
выходить из Интернета	to go (to get) offline	
сидеть в Интернете	to be (to spend time) online	
кликать	to click	
социальная сеть	social web	
Фэйсбук, ФБ	Facebook	
Одноклассники	Odnoklassniki	
лайкать (делать лайки)	to give likes	
он-лайн услуги (он-лайн сервис)	online service	
программист, компьютерщик	programmer	
пользователь	user	
вирус	virus	
антивирус (антивирусная программа)	antivirus (antivirus programme)	
домашняя страница	homepage	
аккаунт	account	
пароль	password	
поисковый портал (поисковик)	search engine to find web pages	
копировать	to copy	

Упр. 7. Соотнесите данные правого и левого столбика таблицы, чтобы получился правильный перевод на английский. В левом столбике напишите перевод на корейский.

браузер	to use Yandex search engine to find web pages	
принтер	to to use Google search engine to find web pages	
гуглить	link	
яндить	printer	
ссылка (линк)	browser	

Упр. 8. Пользуясь словами для справок, скажите, как по-русски:

Слова для справок: вэ-вэ-вэ, СОБАКА, ЗАВИСАТЬ, ПАРОЛЬ, СМАЙЛИК, ГЛЮЧИТЬ.

단어보기) **WWW**(world wide web의 약자. 러시아에서는 вэ-вэ-вэ라 읽는다), @(골뱅이), 컴퓨터가 다운되다, 비밀번호, 웃는 이모티콘, 렉걸리다.(컴퓨터가 느리게 작동되다.)

1. @
2. Плохо, медленно работать (о компьютере)
3. Не работать (о компьютере)
4. J
5. PW
6. www

Упр. 9. Пользуясь таблицей из упражнения 6, расскажите, что вы делаете, когда работаете за компьютером. Запишите полученный рассказ.

....

....

....

....

....

Часть 5.Аудирование

1. Слушайте диалоги, выберите правильный вариант ответа.

1	У мамы	А) много дел Б) компьютерная зависимость В) плохая память
2	Муж	А) обрадовался Б) расстроился В) обрадовался и расстроился одновременно
3	Они говорят	А) о социальных сетях Б) о том, как ловить рыбу В) о социальных проблемах
4	Нашу жизнь невозможно представить	А) без компьютера Б) без спорта В) без родителей

5	Антон сообщает	А) имя своей собаки Б) своё имя В) адрес своей электронной почты
6	Если выключить компьютер, все начинают	А) много гулять Б) много есть и смотреть телевизор В) покупать холодильники и телевизоры

1) – Мама, я пришёл!

Мама говорит, не отрываясь от компьютера:

– Ну,игдетыбылтакдолго?

– Мам,вообще-тояизармии вернулся!

2) "Неужели у нас всё-таки отключили Интернет?!" - с двойственным чувством подумал вернувшийся с работы муж, почувствовав запах еды, который доносился из кухни.

3) – Какой сетью ты пользуешься?

– У меня есть аккаунт в Одноклассниках, но я больше сижу в Фэйсбуке.

4) Раньше родители говорили: «Хватит играть в футбол! Садись за книги!». Сейчас они говорят: «Хватит сидеть за компьютером! Иди, поиграй в футбол!».

5) – Антон, скажи, пожалуйста, как можно с тобой связаться?
– Записывай: anton@mail.ru (антон-собака-мэйл-точка-ру).

6) Компьютер – это, конечно, зло! Но если его выключить, активируются два новых зла - холодильник и телевизор.

2. Ситуация – ваше начало диалога.

Вы хотите послать своё домашнее задание по И-мэйл. Какой вопрос вы зададите преподавателю?

....

....

....

....

Вчера ваш друг попросил вас помочь ему выбрать новый компьютер. Вы сказали, что вам нужно подумать. И вот вы встретились.

....

....

....

....

Часть 6. Говорение

1. Разыграйте шуточные диалоги. Задайте вопросы.

1) Программист сидит за компьютером. Подруга приносит ему кофе. Он не глядя, молча берёт чашку, делает глоток, потом морщится, поворачивается к подруге:

– Я же не люблю без сахара!

– Я знаю, но мне так хотелось услышать твой голос!

Вопросы:

– Почему подруга не положила в кофе сахар?

– Как вы думаете, это хорошая подруга, или плохая? Почему?

2) Программист в баре. К нему подходит молодая девушка и говорит:

– Добрый вечер! Если вы хотите хорошо провести время, то меня зовут Маша.

– А если я не хочу хорошо провести время, то как вас зовут?

Вопрос.

– Как бы ответили вы?

2. Идея – ваше мнение. Прочитайте высказывания, данные ниже, выскажите своё мнение.

Первое, что нужно усвоить в работе с компьютером – ни в коем случае не дайте ему понять, что вы спешите.

Если у меня будут дети, я не буду разрешать им сидеть в Интернете до 12 лет.

– Главная цель всех изобретений – сберечь человеку время.
– Да, но так было только до изобретения компьютера.

Часть 7. Тесты

1. Скажите «да» или «нет»

1) В России так же много Интернеткафе, как в Корее. (да-нет)
2) В России самые популярные компьютеры – корейские. (да-нет)
3) В России купить компьютер – это доступно каждому. (да-нет)
4) В России можно найти работу по Интернету (да-нет)
5) В России интернет-зависимых людей больше, чем в Корее. (да-нет).
6) Интерес к английскому языку в России увеличился из-за компьютеров. (да-нет)
7) Русские компьютерщики часто находят работу за границей. (да-нет)
8) В Москве в некоторых ресторанах и кафе есть бесплатный доступ в Интернет (да-нет)

2. Ответьте на вопросы.

1) Где самый известный компьютерный рынок в Москве?

모스크바에서 가장 유명한 컴퓨터 시장이 어디에 있습나요?

2) Что такое «В контакте» и «Одноклассники»?

«В контакте»와 «Одноклассники» 무엇일까요?

3) В какие компьютерные игры играют русские дети?

러시아 아이들이 어떤 컴퓨터 개임을 하나요?

Урок № 10. Телефон («У меня зазвонил телефон...» К. И. Чуковский)

제10과. 전화기 (내 전화가 울렸다.... К. И. Чуковский)

Часть 1. Слова и выражения

Моби́льник, моби́льный телефо́н, со́товый телефо́н 휴대전화

Вас устра́ивает? (조건들이) 당신에게 맞습니까?

С како́го вре́мени? С кото́рого ча́са? (Со скольки́?) 언제부터? 몇시부터?

До како́го вре́мени? До кото́рого ча́са? (До скольки́?) 몇 시까지?

Пожа́луй 아마

Дозва́ниваться 전화로 불러내다

Перезва́нивать 다시 전화를 걸다

Сро́чный 급한

Оставля́ть СМС 문자를 보내다

Моби́льные сре́дства свя́зи 이동 통신

Завоёвывать 침략하다

Смартфо́н 스마트 폰

Айфо́н (i-Phone) 아이폰

Сим-ка́рта (си́мка) 유심 카드

Сало́н со́товой (моби́льной) свя́зи 핸드폰 대리점

Моби́льная связь 이동 전화

Со́товый опера́тор 이동 통신사

Рингто́н 벨소리

СМС-сообще́ние (СМС-ка) SMS 문자

Слон 코끼리

Верблю́д 낙타

Фона́рик 손전등

Зе́ркало 거울

Калькуля́тор 계산기

Буди́льник 자명종, 알람

Фо́то- и видеока́мера 캠코더

Диктофо́н 녹음기

Видеопле́йер 비디오 플레이어

Признава́ться 인정하다

Незамени́мый 대치할 수 없는

Расстава́ться 헤어지다

Ни днём, ни но́чью 낮도 밤도 아닌

Буква́льно 말 그대로

Отноше́ние ко вре́мени 시간 관념

Обяза́тельный наро́д 약속 잘 지키는 국민

Допусти́мый 허용할 수 있는

Пунктуа́льный 시간을 엄수하는

Жизнь заставля́ет 삶이 ~하게끔 몰아가다

Зара́нее 사전에

Вы́годно 유리하다

Телефо́н-автома́т 자동 응답 전화

Гро́мкая связь 스피커 폰

Ого́нь 불

Не шути́те с огнём! 불장난 하지 마라!

Заря́дное устро́йство для телефо́на (заря́дка) 핸드폰 충전기

Смартфо́н разряди́лся (сел) 스마트폰에 밧데리가 나갔다

Батаре́йка (аккумуля́тор) разряди́лась (се́ла) 밧데리(어큐뮬레인더) 나갔다

Про́филь «Без зву́ка» «무음» 상태

Белими́тный тари́ф 무제한 요금제

Повременна́я опла́та 정액 입금

Попо́лнить счёт 돈 충전하다

ФСБ (Федера́льная слу́жба безопа́сности) 연반 안전부

Ро́уминг 로밍

Часть 2. Диалоги.

1. – Это господин Ким? Здравствуйте! Я получил вашу СМС-ку. Вы написали, что нужна встреча.
   – Да, добрый день, Виктор Петрович, давайте встретимся сегодня через полчаса.
   – Нет, к сожалению, сейчас я занят.
   – А когда же вы свободны?
   – Пожалуй, после шести вечера.
   – Хорошо, в 6.30 в моём офисе вас устраивает?
   – Да, до скорой встречи!
   – До свидания.

2. – Какой у вас телефон?

– Запишите: 495- 436 – 25-01 – это домашний. 8-905-22-93 – это мобильный. Я же за рулём весь день, поэтому лучше звонить домой. Утром можно звонить с восьми до девяти.

– Со скольки?

– С восьми до девяти.

– Понятно. А вечером?

– После десяти. В это время я практически всегда дома. Можете спокойно звонить до одиннадцати. Но не позже, потому что после одиннадцати я ложусь спать.

– Ладно, я постараюсь до вас дозвониться в ближайшее время.

– Если будет что-то срочное, оставьте СМС-ку.

Часть 3. Текст

«ТЕЛЕФОН»

У меня зазвонил телефон.

– Кто говорит?

– Слон.

– Откуда?

– От верблюда.

– Что вам надо?

– Шоколада.

Эти слова из известного стихотворения К. Чуковского знает любой житель России. Русские всегда очень любили говорить по телефону. Многие болтали по телефону часами, особенно молодые девушки и пожилые люди. Сейчас же, когда мобильные средства связи завоевали весь мир, смартфон или айфон - это не только телефон, но и компьютер, интернет, фонарик, зеркало, калькулятор, карта города, фото- и видеокамера, диктофон, будильник, видеоплейер и многое другое. Поэтому многие русские признаются, что это для них самый важный и незаменимый предмет. Они буквально не расстаются со смартфоном ни днём, ни ночью.

Известно, что русские не очень обязательный народ. Они достаточно свободно обращаются со своим и чужим временем. Если договариваются о встрече, говорят: «Встретимся в часов в семь». Это значит, что не точно в семь. А когда? Приходится перезванивать и уточнять время встречи. Опоздание на 15-20 минут считается допустимым. Русские не привыкли планировать свою жизнь на длительное время вперёд. Раньше мало было русских, которые могли бы точно сказать, что они будут делать даже через месяц. Теперь же пословицу «Время – деньги» нужно понимать буквально. Может быть, это изменит отношение русских к своему и чужому времени. Пунктуальных людей становится всё больше. Жизнь заставляет. Люди начинают планировать свои действия заранее, например, многие покупают авиабилеты и планируют свой отдых за полгода и даже раньше, потому что это выгодно.

Часть 4. Упражнения

А) Интенции

Выражение очевидности факта с помощью частиц ЖЕ и ВЕДЬ.

РАНЬШЕ…ТЕПЕРЬ ЖЕ

Б) Лексика и грамматика.

Роль ударения в различении форм глагола.

Приставочные глаголы с корнем –ЗВОН- -ЗВАН-

В ПОЛОВИНУ СЕДЬМОГО (В ПОЛСЕДЬМОГО)

ЧЕРЕЗ ПОЛЧАСА

ЧЕРЕЗ ПОЛГОДА

С КАКОГО ВРЕМЕНИ? (СО СКОЛЬКИ?)

– С половины седьмого (с 6.30)

ДО КАКОГО ВРЕМЕНИ? (ДО СКОЛЬКИ?)

– До половины седьмого (до 6.30)

Упр. 1. Выпишите из текста «Телефон» антонимы для данных слов и выражений.

1. Молодые люди -
2. Пунктуальный народ -
3. Короткое время -
4. Невыгодно -
5. Свой -
6. Всегда –

Упр. 2. Найдите среди данных слов и словосочетаний слово или словосочетание, обозначающее родовое понятие.

1. Бытовая техника, калькулятор, холодильник, телевизор, фото- и видеокамера, диктофон, будильник, видеоплейер.
2. Девочка, девушка, лицо женского пола, женщина, старуха.
3. Шкаф, мебель, кровать, стол, книжные полки, диван, стул, кресло.
4. Мегафон, Би-лайн, сотовый оператор, МТС.
5. Концерт, песня, симфония, романс, музыкальное произведение.
6. Карандаш, ручка, степлер, линейка, канцелярские принадлежности, ластик.

Упр. 3. Дополните данные высказывания таким образом. Чтобы стала ясна очевидность происходящего.

***Образец**:*

Он отлично водит машину.

*н **же (ведь)** отлично водит машину.*

1. Зачем нам машина? Туда ходит автобус.
2. Она прекрасный преподаватель.
3. Он учёный с мировым именем!
4. Это самый известный университет в Корее!
5. – Почему ты не отвечаешь мне?

   – Я занят.
6. – Почему русские часто опаздывают?

   – Они свободно обращаются со своим и чужим временем.

Упр. 4. Дополните предложение, используя выражение ТЕПЕРЬ ЖЕ. Запишите полученное высказывание.

Образец:

Раньше *мобильные телефоны были только у «новых русских».*

Теперь же *мобильные средства связи стали доступны всем.*

1. Раньше все пользовались телефоном-автоматом.

....

2. Раньше русские не планировали своё будущее.

....

3. Раньше, чтобы позвонить по телефону, нужны были монеты и телефонные карты.

....

4. Раньше первым вопросом в разговоре по телефону был вопрос: «Как дела?»

....

Упр. 5. Обратите внимание на роль ударения в различении следующих форм глагола (императив и простое будущее время):

СПРОСИТЕ – СПРОСИТЕ!

КУПИТЕ – КУПИТЕ!

ШУТИТЕ – ШУТИТЕ!

ЗАПИШИТЕ – ЗАПИШИТЕ!

Читайте правильно, обращая внимание на ударение.

1. Если вы спросите у любого москвича, где Большой театр, вам обязательно покажут дорогу.
2. Спросите в кассе, сколько стоит билет.
3. Купите эту модель смартфона и вы не ошибётесь!
4. Когда вы купите себе смартфон, многие проблемы уйдут из вашей жизни.
5. Если вы запишите свой новый номер телефона, то не забудете его.
6. Прошу вас, запишите всё, что я сказал. Это очень важно!
7. Не может быть! Вы шутите!
8. Не шутите с огнём! Может быть пожар.

Упр. 6. Выберите подходящий глагол ЗВОНИТЬ-ПОЗВОНИТЬ, ДОЗВАНИВАТЬСЯ-ДОЗВОНИТЬСЯ, ПЕРЕЗВАНИВАТЬ-ПЕРЕЗВОНИТЬ.

1. Завтра мы должны встретиться. Я .... вам утром около десяти, мы договоримся о встрече.
2. До вас так трудно .... !
3. Я не могу больше говорить. .... мне позже!
4. Я пытался до вас .... , но безрезультатно.
5. Русские любят .... по телефону.
6. Я попробую .... вам через десять минут.

Упр. 7. Прочитайте предложения, заменив числа на слова. Задайте и запишите вопросы к данным предложениям.

Образец:

Ресторан работает до 12.30 ночи.

*Ресторан работает **до половины первого ночи (до полпервого ночи)**.*

До скольки работает ресторан?

1. Мне можно звонить с 6.30 до 9.30 вечера.

....

2. В субботу они работают до 12.30 дня.

....

3. Они будут ждать вас с 10.00 утра.

....

4. Татьяна поедет домой в 9.30 вечера. (сейчас 9.00)

....

5. Корейские студенты вернутся домой в декабре. (сейчас июнь)

....

6. Мы разговаривали по Скайпу с 8.30 до 9.00 вечера.

....

7. Салон сотовой связи работает до 8.00 вечера.

....

8 . Они занимались до 4.00 дня.

....

Часть 5. Аудирование

1. Слушайте диалоги, выберите правильный вариант ответа.

1	Какую музыку любит человек можно узнать	А) когда он поёт Б) когда звонит его телефон В) когда он в офисе
2	До неё нельзя было дозвониться, потому что она	А) потеряла телефон Б) была в ванной В) отключила звонок
3	Максим не может позвонить по своему телефону, потому что	А) телефон разрядился Б) телефон не работает В) он забыл телефон дома
4	У Ивана	А) телефон куплен в кредит Б) безлимитный тариф В) повременная оплата за телефон
5	Би-лайн - это	А) сотовый оператор Б) марка смартфона В) интернет-магазин
6	Они дозвонились, хотя	А) телефон был сломан Б) не знали номер В) телефон был выключен

1) Когда звонит сотовый телефон в офисе, можно узнать три вещи: музыкальные вкусы владельца, настойчивость звонящего, терпение сослуживцев.

2) – Я тебе звонила-звонила, не могла дозвониться. В чём дело?

– Извини, я была в кино и включила профиль «Без звука», а потом забыла отключить.

3) – У меня села батарейка. Можно мне позвонить по твоему мобильнику?

– Конечно, Максим, у меня безлимитный тариф. Так что говори, сколько хочешь.

4) – Иван, привет! Ты куда идёшь?

– Иду в салон связи, у меня деньги кончаются на телефоне, на счету осталось рублей 50, не больше!

– Зачем туда идти ? Пополнить счёт можно по Интернету.

5) – У тебя Би-лайн?

– У меня был Би-лайн, потом МТС. А теперь я перешёл на Мегафон.

– Ну и как? Доволен?

– Ну как тебе сказать... Особой разницы нет, но, кажется, что связь лучше.

6) – Здравствуйте, это вам из ФСБ звонят.

– Я знаю.

– Откуда?

– Вы мне на выключенный мобильник дозвонились.

2. Диалог – ваша реплика.

Привет. Ты где? Я жду тебя уже 10 минут.

....

....

....

На следующей неделе ко мне в Москву приедут гости из Кореи. Как ты думаешь, им нужен телефон?

....

....

....

Часть 6. Говорение

1. Разыграйте шуточные диалоги. Задайте вопросы.

Один мужчина спрашивает другого.
– Послушайте, почему вы уже полчаса держите трубку и молчите.
– Не мешайте! Я разговариваю со своей женой.

Вопросы:
1) Почему человек подумал, что мужчина просто держит трубку, а не говорит по телефону?
2) Почему муж молчит?

Разговариваю с другом по Скайпу. В это время звонит второй друг на мобильник, включаю громкую связь, и общаемся уже втроём. Потом выхожу на кухню попить воды. Возвращаюсь и слышу: ноутбук с мобильником что-то активно обсуждают.

Вопрос: С вами такое было?

2. Идея – ваше мнение. Прочитайте высказывания, данные ниже, выскажите своё мнение.

Время – деньги! (Time is money!)
Что трудно сказать, можно написать и отправить SMS-кой.
Отключи телефон, не заходи в «Одноклассники»… и ты узнаешь сколько у тебя настоящих друзей…
Ни Интернет, ни телефон, ни СМС не могут заменить живого общения.

Часть 7. Тесты

1. Скажите «да» или «нет»

1) Если у вас есть мобильник в России, вы всегда можете пользоваться им в метро (да-нет)
2) Если ваш смартфон разрядился, а вам надо срочно позвонить, вы можете спокойно попросить мобильный телефон у вашего русского знакомого. (да-нет)

3) Смартфоны фирмы «Самсунг» - это самый популярный вид смартфонов в России. (да-нет)
4) В России можно пользоваться мобильным телефоном, который вы купили в Корее, только нужно поменять сим-карту. (да-нет)
5) МТС – это известный российский сотовый оператор. (да-нет)
6) Из Кореи в Россию лучше всего звонить, используя роуминг. (да-нет)
7) Мобильный телефон в России есть только у богатых людей. (да-нет)
8) За пределами больших городов в России могут быть проблемы со связью.(да-нет)

2. Ответьте на вопросы.

1) Какие слова в России обычно произносят, когда отвечают на телефонный звонок?
러시아에서 보통 전화를 받을 때에 어떤 단어를 씁니까?

2) Как вы думаете, что такое «висеть на телефоне»?
«висеть на телефоне»는 무엇입니까?

3) Если вы в России, по какому номеру нужно звонить, если
а) случился пожар, б) вам нужна полиция, в) вам нужен врач.
당신이 러시아에 있을 때에 아래와 같은 경우에 어떤 번호로 전화를 걸어야 합니까?
A)화재 발생 B) 경찰이 필요할 때 B) 의사가 필요할 때

Урок № 11. Религия («Сущность всякой веры состоит в том, что она придаёт жизни такой смысл, который не уничтожается смертью» Л. Н. Толстой)

제11과. 종교 («모든 신앙의 본질은 인생에 죽음으로도 사리지지 않는 의미를 주는 것이다» Л. Н. Толстой)

Часть 1. Слова и выражения

Конфе́ссия 종교

Многоконфессиона́льное госуда́рство 다종교 국가

Христиа́нство 기독교

Правосла́вная рели́гия/це́рковь (правосла́вие) 러시아 정교/성당(러시아 정교)

Правосла́вный 러시아 정교적인

Католи́ческая рели́гия/це́рковь (католици́зм) 가톨릭 종교/성당(가톨릭)

Като́лик 가톨릭교도

Протеста́нтская рели́гия/це́рковь (протестанти́зм) 개신교 종교/교회(개신교)

Протеста́нт 개신교도

Исла́м 이슬람교

Мусульма́нин 무슬림

Будди́зм 불교

Будди́ст 불교신자

Конфуциа́нство 유교

Язы́чество (язы́ческие ку́льты) 이교(이교도 숭배)

Атеи́зм 무신론

Атеи́ст 무신론자

Заду́мываться 생각에 잠기다

Це́рковь 1) рели́гия, ве́ра; 2) храм, специа́льное сооруже́ние, где происхо́дит церко́вная слу́жба в католичестве и православии

교회 1) 종교, 믿음; 2) 예배를 진행하는 특수한 장소, 성당

Крести́ть 세례를 받게 하다

Крещёный (-ая) 세례를 받은

Предрассу́дки 편견

Забо́титься 보살피다

Чего́ тяну́ть? 시간 끌 필요 있나?

Крёстная мать (крёстная) 대모

Госпо́дь 주님(예수)

Богома́терь 성모

Защища́ть 보호하다

Миссионе́р 선교사

Открыва́ть це́рковь 교회를 세우다

Быть про́тив 반대하다

Сувени́р 기념품

Брело́к 장신구

Фаши́стская Герма́ния 나치 독일

Фаши́ст 파시스트

Сва́стика 만자

Си́мвол 상징

Будди́йский си́мвол 불교의 상징

Ничего́ подо́бного! 전혀 아니다

Ерунда́! 시시한 것!

Венча́ться 성당에서 결혼하다

Обрета́ть ве́ру 신앙을 가지다

Восстановление 복귀

Храм Христа́ Спаси́теля 그리스도 구원자의 성당

Блока́да 봉쇄

Посеща́ть (церко́вную) слу́жбу 성당 예배에 참석하다

Моли́ться 기도하다

Стави́ть свечу́ (све́чку) 촛불을 세우다

Снима́ть головны́е убо́ры 모자를 벗다

Держа́ть ру́ки в карма́нах 주머니에 손을 넣다

Алта́рь 제단

Привлека́ть внима́ние 주의를 끌다

Ве́рить в Бо́га 하나님을 믿다

Монасты́рь 수도원

Воскре́сная шко́ла 주일학교

И́конопись 성상화술

Ико́на 성화상

Рай 천국

Душа́ 마음

Блаже́нствовать 더없이 행복을 즐기다

Со́весть 양심

Жить по со́вести 양심적으로 살다

Часть 2. Диалоги.

1. – У тебя дочка крещёная?
   – Нет, мы хотели её окрестить, но сейчас холодно. Она часто болеет. Как-то страшно нести её в церковь. Вдруг простудится! Зима всё-таки.
   – Вот поэтому и болеет, что некрещёная. Господь её не защищает.
   – Да ну, предрассудки всё это. Не верю я, что кто-нибудь позаботится о моей Маше, кроме меня.
   – Как ты можешь так говорить! Давай сделаем это прямо в это воскресенье. Чего тянуть! Короче говоря, я буду крёстной матерью, согласна?

2. – Господин Ким, почему вы приехали в Россию?
   – Я–миссионер. Мы хотим открыть свою церковь во Владивостоке.
   – А вы знаете, что православные христиане могут быть против этого?
   – Да, я слышал об этом, но все мы верим в Господа нашего Иисуса Христа. В России есть люди, нуждающиеся в помощи. Стало быть, мы хотим им помогать.

3. – Я хочу подарить тебе корейский сувенир. Смотри, какой красивый брелок! Нравится?
   – Ой, да ведь тут свастика! Это символ фашистской Германии.
   – Значит так, свастика – это буддийский символ. Её изображение можно встретить в каждом буддийском храме. Причём тут фашисты?

Часть 3. Текст

Религии в России

- Православие — 75 %.
- Ислам — 5 %.
- Католицизм — 1 %
- Протестантизм — 1 %
- Иудаизм— 1 %
- Буддизм — 1 % и меньше.
- Атеизм — 8 %.

ХОДИТЕ ЛИ ВЫ В ЦЕРКОВЬ?

Россия – многоконфессиональное государство. Здесь живут представители разных религий: и христиане, и мусульмане, и буддисты. Есть и атеисты, и люди, которые не задумываются о вопросах религии. Православная религия – это религия большинства населения. Она переживает сейчас в России второе рождение. Многие люди опять стали крестить детей, венчаться, отмечать религиозные праздники и ходить в церковь. Кто-то делает это искренно и серьёзно, с надеждой обрести покой и веру, а кто-то – не задумываясь, просто потому что так делают их друзья или соседи. Многие известные политики и общественные деятели, в прошлом не ходившие в церковь годами, сейчас посещают церковную службу и молятся.

Многие храмы и монастыри сейчас восстанавливаются и возвращаются церкви. Особенно важным событием стало восстановление храма Христа Спасителя в Москве. Церковь не только получает храмы, отнятые у неё, но и строит новые. В Петербурге на деньги спонсоров построили храм в честь ленинградцев, погибших во время блокады города в 1941-43 годах.

В русскую православную церковь мужчины входят с непокрытой головой (снимают головные уборы). Женщины – наоборот надевают платки и шарфы, которые специально приносят для этого. Лицам женского пола лучше приходить в церковь в юбке, а не в брюках или шортах. Во время службы сидеть можно только старикам и маленьким детям. Во время службы нельзя держать руки в карманах и громко разговаривать. Не принято также поворачиваться к алтарю спиной, фотографироваться, вообще привлекать к себе внимание.

Часть 4. Упражнения

А) Интенции

Выражение вывода СТАЛО БЫТЬ, ЗНАЧИТ, ЗНАЧИТ ТАК, КОРОЧЕ ГОВОРЯ

Б) Лексика и грамматика

Глаголы БЫТЬ, БЫВАТЬ

Причастия

Упр. 1. Прочитайте предложения. Измените их, добавив слова и выражения, указывающие на вывод: СТАЛО БЫТЬ, ЗНАЧИТ, ЗНАЧИТ ТАК, КОРОЧЕ ГОВОРЯ. Запишите полученные предложения.

Образец:

Сегодня очень душно. Скоро будет дождь.

*Сегодня очень душно, **стало быть**, скоро будет дождь.*

1. Антон занимается каждый день. Вчера он тоже занимался.

....

....

2. Они любят корейскую музыку. Каждый день они слушают K-pop.

....

....

3. – Я не могу решить, что будем делать в воскресенье.
– Сначала пойдём в парк, потом в ресторан. Согласна?

....

....

4. – Сегодня он говорит одно, завтра другое...
– Ему нельзя верить.

....

....

5. – Я устала, плохо себя чувствую.
– Сегодня мы никуда не идём. Отдыхай!

....

....

6. – Я видел тебя в библиотеке.
– Когда?
– Вчера вечером.

– Вчера вечером я был дома.

– Это был не ты...

....

....

Упр. 2. Составьте и запишите пары синонимов и синонимические ряды.

Простудиться, входить с непокрытой головой, защищать, молиться, заболеть, снимать головной убор, оберегать, читать молитву.

....

....

....

Христианин, атеист, батюшка, мусульманин, Спаситель, поп, инок, Господь, верующий в Христа, Богоматерь, неверующий, Бог, магометанин, Пречистая, монах, священник.

....

....

....

Храм, монастырь, колокольня, церковь, обитель, лик, собор, икона, звонница.

....

....

....

Упр. 3. Назовите лишнее слово в ряду.

1. Атеизм, буддизм, капитализм, католицизм, протестантизм.
2. Христианин, англичанин, крестьянин, инопланетянин.
3. Деятель, выключатель, представитель, учитель, любитель.
4. Мать, тетрадь, церковь, лошадь, словарь.

Упр. 4. Замените придаточные предложения причастными оборотами. Запишите полученные предложения.

Образец:

В церкви женщины надевают платки, ***которые они принесли с собой****.*

В церкви женщины надевают платки, ***принесённые с собой****.*

1. Церковная служба, которую назначили на среду, не состоялась.

....

....

2. Многие политики, которые в прошлом не ходили в церковь, сейчас посещают службу.

....

....

3. Человек, который верит в Бога, обретает покой и уверенность в будущем.

....

....

4. Церковь получает храмы, которые были у неё отняты.

....

....

5. Люди, которые верят в Бога, обычно ходят в церковь каждое воскресенье.

....

....

6. В Петербурге на деньги спонсоров построили храм в честь ленинградцев, которые погибли во время блокады города в 1941-43 годах.

....

....

Упр. 5. Замените предложения с глаголами ХОДИТЬ (ЕЗДИТЬ) куда? на предложения в глаголом БЫВАТЬ где? Запишите полученное высказывание.

Образец:

Они часто ходят в церковь.

Они часто бывают в церкви.

1. Каждое воскресенье Ивановы ходят на службу в церковь.

....

2. Иногда она ездит в храм Христа Спасителя.

....

3. Раз в неделю их дети должны ходить в воскресную школу и изучать Евангелие.

....

4. Иногда он ездит в Троице-Сергиевский монастырь.

....

5. В прошлом году они ездили в Собор Василия Блаженного.

....

6. Студенты ходят в музей и слушают лекции по иконописи.

....

Упр. 6. Соотнесите правильно понятия и их определения. На основании данной информации ответьте на данные ниже вопросы своими словами.

Религия	множество представлений, обрядов, привычек и навыков практической и общественной деятельности, передаваемых из поколения в поколение, выступающих одним из регуляторов общественных отношений
Традиция	принятый в исторической общности образец восприятия, фильтрации, интерпретации информации при распознавании и узнавании окружающего мира, основанный на предшествующем социальном опыте

Стереотип	совокупность интеллектуальных,эмоциональных, культурных особенностей, ценностных ориентаций и установок, присущих социальной или этнической группе, нации, народности.
Менталитет	сложившийся способ поведения, осуществление которого в определённой ситуации приобретает для индивида характер потребности, которые побуждают совершать какие-нибудь действия,поступки
Привычка	взгляды и мнения, основанные на неточном или искаженном знании, чаще всего принимаемые на веру со слов других людей.
Предрассудок	особая форма осознания мира, обусловленная верой в сверхъестественное, включающая в себя свод моральных норм и типов поведения, обрядов, культовых действий и объединение людей в организации (церковь, религиозную общину)

1. Что такое религия?

2. Что такое менталитет?

3. Что такое предрассудок?

Упр. 7. Ваш русский друг интересуется, какие религии есть в Корее. Напишите и перескажите текст на эту тему. Употребите данные ниже слова: КОНФУЦИАНСТВО, БУДДИЗМ, ЯЗЫЧЕСТВО (ЯЗЫЧЕСКИЕ КУЛЬТЫ), ХРИСТИАНСТВО, ПРОТЕСТАНТИЗМ, АТЕИЗМ.

....

....

....

....

....

Часть 5. Аудирование

1. Слушайте диалоги, выберите правильный вариант ответа.

1	Завтра вечером они пойдут	А) в церковь на службу Б) в концертный зал на концерт В) в монастырь на экскурсию
2	Ольга Петровна и Татьяна Ивановна - это	А) школьные учителя Б) преподаватели живописи В) преподаватели РКИ
3	Андрей Рублёв – это	А) древнерусский художник-иконописец Б) современный художник В) русский друг Джона

1) – У вас есть свободное время завтра вечером?

– Да, а что?

– Я хочу пригласить вас в консерваторию, послушать хор монахов Сретенского монастыря.

– Спасибо, я очень люблю духовную музыку. Это важная часть русской культуры.

2) – Ольга Петровна! В Третьяковской галерее сейчас проходит выставка русской иконописи. Выставка называется «Шедевры древнерусской живописи». Мои студенты из Китая попросили меня устроить экскурсию.

– Да, Татьяна Ивановна, это отличная идея. Пойдёмте вместе! Я надеюсь, что моим студентам-иностранцам тоже будет интересно.

3) – Джон, ты смотрел фильм Тарковского «Андрей Рублёв»?

– Нет ещё, Андрей, но я слышал, что это один из лучших фильмов о России, о её истории, о великом древнерусском художнике-иконописце.

– У меня есть диск. Давай посмотрим?

– Надо посмотреть, только я боюсь, что будет много непонятного. Я мало знаю о православии и иконах.

2. Диалог – ваша реплика.

– Здравствуйте, сегодня Пасха. Христос воскресе!

– ....

Часть 6. Говорение

1. Идея – ваше мнение. Прочитайте высказывания, данные ниже, выскажите своё мнение.

Религия – это личное дело каждого человека.

Главное – быть хорошим человеком и жить по совести.

Верить легче, чем не верить.

Часть 7. Тесты

1. Скажите «да» или «нет»

1) На Пасху у русских есть традиция целоваться. (да-нет)
2) В русской церкви всем можно сидеть во время службы. (да-нет)
3) В России молодых людей, верующих в Бога, в последнее время стало больше. (да-нет)
4) Многие неверующие русские крестят своих детей. (да-нет)
5) В русской церкви можно услышать гитару. (да-нет)
6) В России мужчины входят в православную церковь, не снимая головного убора. (да-нет)
7) В России женщина не может войти в православную церковь в брюках. (да-нет)
8) В России существует только одна религия – православное христианство (да-нет)

2. Ответьте на вопросы.

1) Почему говорят: «Москва златоглавая»?

왜 «Москва златоглавая»라고 말하나요?

2) Какие конфессии есть в России?

러시아에 어떤 종교들이 있나요?

3) Кто такие старообрядцы (раскольники)?

구예식자(종파 분리론자)는 누구인가요?

Урок № 12. Работа, деньги («Работа – не волк, в лес не убежит», «Не в деньгах счастье»)

제 12과. 일, 돈 («일은 늑대가 아니라 도망가지 않는다.», «돈으로는 행복할 수 없다»

Часть 1. Слова и выражения

Подраба́тывать 아르바이트하다

Подрабо́тка 아르바이트

Зараба́тывать 돈을 벌다

Вре́мени ухо́дит – у́йма! 시간이 아주 많이 걸린다!

Запуска́ть учёбу 학업을 등한시 하다

Ви́деться 만나다

Ме́стная командиро́вка 지방출장

Зака́зывать 주문하다

Я не проща́юсь. 또 보자!

Ты чего́ (почему́) здоро́ваешься? 왜 또 인사하는 거야?

Ещё уви́димся! Уви́димся! 다시 또 보자! 다시 만나자!

Отноше́ния «нача́льник» – «подчинённый» 상사와 부하직원 관계

Авторита́рность 권위

Маскирова́ться 가장하다

Жа́ловаться 하소연하다, 불평을 늘어놓다

Презри́тельное наименова́ние 악칭(나쁘게 부르는 말)

Осужда́ть 비난하다, 질책하다

Стука́ч (от «стуча́ть» – докла́дывать нача́льству, доноси́ть) 고자질쟁이

Доноси́тельство 고발

Одобря́ть 찬성하다, 칭찬한다

Интенси́вный труд 강도높은 업무

Ине́ртность 일이 드문 것

Безде́ятельность 일이 없는 것

Авра́л 전원 집합 경보

Обме́нивать де́ньги 환전하다

Курс (обме́нный курс поку́пки-прода́жи валю́ты) 환율(매매와 매수)

Обме́нный пункт 환전소

Валю́тный счёт 외환계좌

Валю́та 외화

Банкома́т 현금 인출기

Ка́рточка (ка́рта, креди́тная ка́рта) 카드(카드, 신용카드)

Иму́щественные отноше́ния 재산관계

Де́нежные отноше́ния 금전관계

Спо́ры о насле́дстве 유산분쟁

Обраща́ться в суд 법정에 기소하다

«Карма́нные» де́ньги 비상금, 용돈

Жёсткий бюдже́т 세세한 지출계획

Спонта́нно 즉흥적으로

Кру́пные расхо́ды 큰 지출

Брать в долг 빚을 지다, 돈을 빌리다

Дава́ть в долг 돈을 빌려주다

Противоречи́вый 모순의, 상반되는

Не совмести́м –а, -о 양립할 수 없다

Мора́льные це́нности 도덕적 가치들

Грех 죄

Мора́льное паде́ние 도덕적 타락

Бога́тство 부

Разбогате́ть 부자가 되다

Кру́пная недви́жимость 대규모 부동산

Лени́ться 게으름 피우다

Лентя́й 게으름뱅이

Обе́денный переры́в 점심 휴식시간

Просыпа́ться 일어서다

Отлы́нивать от рабо́ты 일을 기피하다

Выходны́е 주말

Бу́дни 주중

За́работная пла́та (зарпла́та) 급여

Часть 2. Диалоги.

1. – Что-то я давно тебя не вижу в университете. Что случилось?
   – Ничего, всё в порядке. Просто я работу нашёл, решил подработать.
   – Где и кем?
   – Переводчиком в фирме.
   – Ну и как?
   – Я считаю, что это хорошая подработка. Платят неплохо, а для меня это отличный опыт и хорошая практика в языке.
   – На переводах много не заработаешь, а времени на это уходит – уйма! Между прочим, учёбу запустишь!
   – Да, но зато я теперь не беру деньги у родителей.

2. – Здравствуй!

– Кстати, ты чего здороваешься? Мы ведь уже виделись сегодня.

– Ах, да, я совсем забыл. Ты откуда?

– Был в местной командировке. Ездил в издательство. Наша фирма заказала там рекламу.

– А теперь ты куда?

– Пойду пообедаю. Между прочим, я не прощаюсь.

– Ещё увидимся!

3. – У вас можно открыть валютный счет?

– Да, конечно. В какой валюте? В долларах или в евро? Сейчас все открывают валютные счета в евро.

– А вы думаете, это выгодно?

– Не знаю, что и сказать.

– А какой у вас курс доллара?

– Покупки или продажи?

– Продажи.

– Минуточку,… 30, 563

4. – Где здесь ближайший банкомат?

– На улице вы не найдёте его, лучше идите в гостиницу. Кстати, вот там, за углом гостиница «Метрополь».

– А банкомат в гостинице принимает все виды карточек? У меня Visa.

– Эту карту принимают все банкоматы, не волнуйтесь!

Часть 3. Текст

РАБОТАТЬ ПО-РУССКИ

Если вы работаете в одном коллективе с русскими, то имейте в виду, что отношения в коллективе во многом похожи на отношения в семье. Отношения «начальник» – «подчинённый» обычно строятся на основе авторитарности. Вместе с тем, авторитарность часто маскируется неформальными отношениями. Все сотрудники вместе с начальником могут отмечать праздники, ходить друг другу в гости, рассказывать о личных проблемах и просить помощи.

В русском коллективе не принято жаловаться начальнику на своих коллег. У русских есть специальное презрительное наименование для человека, который занимается доносительством – «стукач». Не принято критиковать работу других. Это связано с тем, что русские не одобряют открытую конкуренцию между членами одного коллектива.

Русские считают нормальным, когда периоды интенсивного труда чередуются с периодами инертности и бездеятельности. Кстати, в русском языке даже существует слово "аврал", которое обозначает интенсивное выполнение большого объёма работы в очень короткие сроки и, как правило, в последний момент.

Долгое время имущественные и денежные отношения у русских было не принято оформлять юридически. При разводе, спорах о наследстве русские предпочитали решать всё внутри семьи. И сейчас они обращаются в суд только в крайнем случае. Деньги, которые зарабатывают муж и жена, являются общими и расходуются сообща. При этом каждый взрослый член семьи имеет «карманные» деньги для личных расходов. В русских семьях нет жёсткого бюджета и чёткого планирования всех расходов. Обычно планируются крупные расходы (покупка квартиры, машины, отдых за границей), на которые откладываются деньги. Остальные деньги тратятся спонтанно. Между прочим, русские легко берут и дают небольшие суммы денег в долг.

Отношение к деньгам и к богатству у русских противоречиво. Традиционно отношение к деньгам, как к чему-то грязному, не совместимому с моральными ценностями. Богатство в традиционном русском менталитете связано с грехом и моральным падением. Перед русским человеком всегда стояла проблема: как разбогатеть, но при этом остаться хорошим человеком. Впрочем, в настоящее время наблюдается обратная тенденция: люди стремятся к богатству, хотят заработать много денег, иметь свой бизнес, купить дорогую машину, приобрести крупную недвижимость.

Часть 4. Упражнения

А) Интенции.

Дополнение информации КСТАТИ, МЕЖДУ ПРОЧИМ, ВПРОЧЕМ

Б) Лексика и грамматика

Предложения со словом КОТОРЫЙ. Приставочные глаголы с корнем -РАБ -.

Пассивные конструкции. Числительные. Десятичные дроби.

Упр. 1. Дополните информацию, употребив КСТАТИ, МЕЖДУ ПРОЧИМ, ВПРОЧЕМ. Запишите полученные предложения.

***Образец**:*

– Я, наконец, купила билеты на Чеджу (очень дёшево).

*– Я, наконец, купила билеты на Чеджу, **кстати**, очень дёшево.*

– О, я слышала, у тебя новая работа! (я жалею, что ушла со старого места).

– Да, ***впрочем***, я жалею, что ушла со старого места.

1. О, у тебя новая сумка! (где ты её купила?)

....

2. Иван открыл валютный счёт (ты не знаешь, в какой валюте?)

....

3. Я никак не могу запомнить слово «аврал». (слово «расходы» я тоже не помню)

....

4. Вы были в банке? (какой там курс доллара?)

....

5. Мой брат говорит, что у него плохая работа и низкая зарплата (я ему не верю)

....

6. Антон целый день готовится к экзамену (вчера он тоже целый день занимался)

....

Упр. 2. Пользуясь словами для справок, составьте пары антонимов.
Слова для справок: ДЕМОКРАТИЧЕСКИЙ, ОСУЖДАТЬ, БУДНИ, НАЧАЛЬНИК, РАСХОДЫ, ТРУДОГОЛИК, БЕДНОСТЬ

1. Богатство –
2. Одобрять –
3. Авторитарный -
4. Выходные дни –
5. Доходы –
6. Подчинённый –
7. Лентяй -

Упр.3. Поставьте слово КОТОРЫЙ в нужном падеже.
1. Русские не любят коллегу по работе,

а) .... открыто делает карьеру.

б) у .... нет чувства юмора.

в) к .... нельзя пойти в гости.

г) .... не интересует работа.

д) с .... трудно найти общий язык.

е) о .... говорят, что он «стукач».

Упр. 4. Выберите и вставьте правильный глагол ПОДРАБАТЫВАТЬ -ПОДРАБОТАТЬ, ЗАРАБАТЫВАТЬ-ЗАРАБОТАТЬ.

1. Он много работает и хорошо ....

2. Я считаю, что студенты должны сами .... себе на карманные расходы.

3. Она .... в кафе официанткой.

4. Преподаватели часто .... частными уроками.

5. Иван работал месяц и .... десять тысяч рублей.

6. Вы когда-нибудь ....? Где и кем?

7. Вы когда-нибудь .... большие деньги?

8. Он .... большие деньги и стал миллионером.

Упр. 5. Прочитайте числительные. Запишите числа словами.

0,6; 2,5; 6, 35; 1, 2; 7, 32; 4, 14; 9, 51;

29, 62; 41, 75; 30, 226; 76, 532; 54, 4; 48, 8; 50, 325.

Упр. 6. Замените активные конструкции пассивными. Запишите полученные высказывания.

Образец:

*Русские **не оформляют** имущественные и денежные отношения юридически.*

Имущественные и денежные отношения ***не оформляются*** *русскими юридически.*

1. В настоящее время мы наблюдаем обратную тенденцию.

....

2. Русские тратят деньги спонтанно.

....

3. Семья планирует крупные расходы.

....

4. Многие отмечают странную стыдливость русских в разговоре о деньгах.

....

5. Русские легко берут небольшие суммы денег в долг.

....

6. Все члены семьи расходуют деньги сообща.

....

Упр. 7. Посоветуйте другу изменить его поведение.

Образец:

Опаздывать на деловые встречи

– ***Не опаздывай*** *на деловые встречи!*

– ***Перестань опаздывать*** *на деловые встречи!*

– ***Постарайся не опаздывать*** *на деловые встречи!*

1. Критиковать работу других.
2. Придавать большое значение мелочам.
3. Заражать других плохим настроение.
4. Брать в долг.
5. Жаловаться на жизнь.
6. Ходить в ночной клуб.

Часть 5. Аудирование

1. Слушайте диалоги, выберите правильный вариант ответа.

1	Михаила предупреждают, что Алексей	А) часто болеет Б) не хочет работать В) настоящий профессионал
2	У взрослого сына нет	А) совести Б) денег В) времени
3	Кто с кем разговаривает?	А) начальник с секретарём Б) секретарь с посетителем В) преподаватель и студент
4	Иван	А) плохо работает Б) на работе разговаривает с друзьями в социальных сетях В) настоящий трудоголик

5	У этого человека была самая лёгкая жизнь	А) в школе Б) в университете В) сейчас
6	Марине пришлось	А) срочно работать Б) долго работать В) срочно ехать в командировку

1) Слушай, Михаил, ты здесь новый человек.
Я хочу тебя предупредить: Алексей - ужасный лентяй и будет отлынивать от работы.

2) Отец говорит взрослому сыну: «Получи работу. Поработай. Заработай деньги. Скоро у тебя их будет достаточно, чтобы перестать работать. Сын отвечает: "Но папа, я ведь и так не работаю".

3) В офис привезли новую кофе-машину.
– Попробуйте кофе! Очень вкусный!
– Ой, нет, спасибо! Знаете, я не могу спать, если выпью кофе.
– Пейте! Разве можно на работе спать!

4) – Иван, у вас «Одноклассники» на работе заблокированы?
– Не знаю.
– Если бы я был твоим начальником, я бы за этот ответ повысил тебя в должности и увеличил зарплату.

5) В школе я очень ждал выходных. Во вторник - осталось целых три дня... а в четверг всего один!

В университете мне было всё равно, скоро ли выходные, потому что я и в будни редко туда ходил.

Сейчас мне тоже все равно, потому что по выходным я тоже работаю.

6) – Марине нужно было работать в воскресенье вечером.

– Работать в воскресенье вечером?

– Да, у меня была срочная работа: нужно было переводить один документ.

2. Диалог – ваша реплика.

Все студенты собираются целый день заниматься вместе. Только Иван говорит:

– Экзамены ещё через месяц. До свидания!

Мне сегодня лень заниматься.

....

....

Часть 6. Говорение

1. Разыграйте шуточные диалоги. Задайте вопросы.

– Привет! Где ты был? Почему я тебя так долго не видел в университете?

– Это раньше студенты учились и в свободное время подрабатывали. А сейчас они работают и в свободное время немного подучиваются.

Вопросы:

1) Почему студент редко ходит на лекции?

2) На что он тратит больше времени, на учёбу или на работу? Почему?

– Просыпайся! Обеденный перерыв!

– Идитебезменя,ясегоднябезобедаработаю.

Вопрос:

1) Вы хотели бы работать вместе с таким человеком? Почему?

2. Идея – ваше мнение. Прочитайте высказывания, данные ниже, выскажите своё мнение.

«Если вы будете работать для настоящего, то ваша работа выйдет ничтожной; надо работать, имея в виду только будущее». А. П. Чехов

Тот, кто любит труд, не нуждается в развлечениях.

Я не понимаю, как можно не любить деньги.

Нельзя стать богатым и остаться хорошим человеком.

3. Объясните смысл русских пословиц «Пока гром не грянет, мужик не перекрестится» и «Не имей сто рублей, а имей сто друзей». На какие особенности русских в их отношении к работе и деньгам указывают эти пословицы? Запишите и перескажите полученные высказывания.

....

....

....

....

....

Часть 7. Тесты

1. Скажите «да» или «нет»

1) Русские привыкли много и систематически работать (да-нет)
2) В русском коллективе не принято жаловаться начальнику на своих коллег. (да-нет)
3) На работе отсутствие улыбки означает плохое отношение к сотруднику и нежелание с ним иметь дело. (да-нет)
4) Русские здороваются с коллегами по работе при каждой встрече с ними в течение дня (да-нет)
5) Русские доверяют банкам и хранят свои сбережения там. (да-нет)
6) При обмене валюты нужно предъявлять паспорт (да-нет)

7) В крупных супермаркетах и универмагах принимают кредитные карточки (да-нет)

8) Расчёты в русских магазинах обычно ведутся наличными (да-нет)

2. Ответьте на вопросы

1) Что такое «аврал»?

«аврал(전원집합경보)»란 무엇인가?

2) Что такое «белая зарплата»?

«하얀급여»란 무엇인가?

3) Какого человека называют «выскочка»? Русские любят выскочек?

«Выскочка»란 무엇인가?

4) Почему в России лучше всегда иметь с собой наличные деньги?

왜 러시아에서는 항상 현금을 갖고 있어야 하는가?

Урок № 13. Развлечения, здоровье, спорт («Делу – время, потехе – час!» «Найди время, а не оправдания!»)

제13과 오락거리, 건강, 스포츠
(«일도 휴식도 잊지마라!», «핑계말고 시간을 찾아라!»

Часть 1. Слова и выражения

Музыка для подростков 청소년을 위한 음악

О вкусах не спорят! 취향에 대해서는 다투지 않는 법 !

Ночной клуб 나이트 클럽

Караоке 노래방

На тебя не угодишь! 널 어찌 만족시키겠냐!

Звучит заманчиво! 꽤 괜찮게 들리는데!

Я приглашаю! (в значении: «я буду платить») 내가 초대할게. (내가 쏠게!)

Фитнес-центр 헬스클럽

Парикмахерская 미용실

Тренажёрный зал 체육관

Косметология 뷰티샵

Массаж 마사지

Шейпинг 율동체조

Корре́кция фигу́ры 몸매교정

Хирурги́ческое вмеша́тельство 비수술적 치료

Подтя́жка (лица́, ше́и…) (얼굴, 목...)리프팅

Ли́шние де́ньги 남는 돈, 쓸데없는 돈

Си́льная во́ля 강한 의지

Лени́ться 게으름 부리다

Хва́тит (не на́до) лени́ться! 게으름 부리지마!

Бассе́йн 수영장

Аэро́бика 에어로빅

Найди́ вре́мя, а не оправда́ния! 변명말고 시간을 찾아!

Фильм у́жасов 공포영화

Боеви́к 액션영화

Прести́жно 인기있는

Нетипи́чный ру́сский 일반적이지 않은 러시아인

Мо́дное увлече́ние 유행하는 오락거리

Му́зыка после́дних направле́ний 최신 유행의 음악

Компью́терные и́гры 컴퓨터게임

Пова́льное увлече́ние 일반적인 오락거리

Все как с ума́ посходи́ли! 모두가 미쳐버린 것 같아!

Проси́живать каса́ми за чем 몇 시간이고 ~하다.

«Броди́лка» – от «броди́ть» 어드벤쳐 게임

«Стреля́лка» – от «стреля́ть» 사격게임

Тур (туристи́ческая путёвка) по Евро́пе 유럽여행

Ски́дка 할인

Горя́щий тур 긴급 처분여행

Тураге́нтство 여행사

Экстрема́льные ви́ды спо́рта 익스트림 스포츠의 종류

Пры́гать с парашю́том 스카이다이빙하다

Увлека́ться спо́ртом 스포츠에 몰두하다

Боле́ть за (каку́ю кома́нду) (어떠한 팀)을 응원하다

Стра́стный боле́льшик 열정적 응원자

Фана́т 광팬

Пусто́е заня́тие 헛된 일

Како́й в э́том интере́с? 스포츠에 몰두하다

Чемпио́н ми́ра 세계 챔피언

Пла́вание 수영

Бодиби́лдинг 보디빌딩

Брать себе́ за пра́вило 스스로 규칙을 세우다

Подде́рживать фо́рму 몸매를 유지하다

Вести́ здоро́вый о́браз жи́зни 건강한 삶의 방식을 유지하다

Аза́ртные и́гры 도박

Часть 2. Диалоги.

1. – Хочешь развлечься?
   – Почему бы и нет? А что ты можешь предложить?
   – На выбор: ночной клуб, караоке или дискотека.
   – Нет, это меня не привлекает.
   – На тебя не угодишь! Ну тогда, пойдём поиграем в биллиард. А потом посидим где-нибудь в кафе.
   – Звучит заманчиво, а кто платит?
   – Какой может быть разговор? Я приглашаю!

2. – Мы едем на дачу, а ты?

– Я не хочу, надоело.

– Значит, ты опять будешь сидеть за компьютером все выходные? Послушай меня, поехали с нами, подышишь свежим воздухом, отдохнёшь на свежем воздухе.

– Нет, спасибо, это меня совершенно не привлекает.

– Ну тогда мой тебе совет: не сиди дома весь день.

– Спасибо, но я сам знаю, что мне делать.

3. – В том новом доме скоро откроется фитнес-центр. Когда я проходила мимо, видела там большое объявление.

– И что там будет?

– Ну как обычно: тренажёрный зал, косметология, массаж и шейпинг.

– Интересно, а парикмахерская?

– Ну конечно, и парикмахерская тоже.

– Посмотри, какая реклама! Так хочется быть молодой, красивой и стройной.

Центр красоты и здоровья Уникальные результаты по коррекции фигуры без хирургического вмешательства Подтяжка лица, шеи, груди, ягодиц Антицеллюлитная программа

– Неужели ты веришь рекламе? Или у тебя есть лишние деньги?

– Лишних денег нет, конечно, но и времени на занятия спортом тоже нет. И потом для спорта нужна сильная воля. А ты же знаешь меня: я люблю утром подольше поспать, а вечером съесть пирожное.

– Мой тебе совет: хватит лениться! Хочешь быть красивой – ешь поменьше, запишись в фитнес-центр, в бассейн или на аэробику. Найди время, а не оправдания!

Часть 3. Текст

НЕТИПИЧНЫЙ РУССКИЙ

Чем сейчас увлекаются молодые люди в России? Что я делаю в свободное время? Многие русские любят американское кино. Я не люблю американское кино, особенно фильмы ужасов и боевики. Но я с большим удовольствием смотрю русское и европейское кино. В Москве есть современные кинотеатры, где показывают последние фильмы. Это лучше, чем смотреть фильмы по компьютеру.

Вообще-то сейчас самое модное студенческое увлечение – это музыка последних направлений и, конечно, компьютер. Я имею в виду компьютерные игры. Это просто повальное увлечение. Все как с ума посходили! А мне кажется, что это глупо – часами просиживать за какой-нибудь «бродилкой» или «стрелялкой».

Ещё меня очень привлекает идея поехать в тур по Европе. Можно поискать турагентство, где продаются туры со скидкой, или купить горящий тур.

Я не могу сказать, что увлекаюсь спортом и смотрю все спортивные передачи. Я не страстный болельщик и не фанат. Когда я вижу, как болеют мои друзья, особенно во время футбольных или хоккейных матчей, я не понимаю, как можно тратить столько времени на это пустое занятие. А экстремальные виды спорта? Маунтин байкинг, фри дайвинг... Какой в этом интерес? Какой интерес в том, чтобы прыгать с парашютом?
Что я действительно люблю, так это ходить в тренажёрный зал и в бассейн. Я давно знаю, что чемпиона мира из меня не выйдет, ни по плаванию, ни по бодибилдингу. Но я взял себе за правило раз в неделю ходить на тренажёры и поддерживать форму. Когда я походил туда полгода, я заметил одну интересную вещь. В одно время в зал ходят примерно одни и те же люди. Уже и компания сложилась.

Часть 4. Упражнения

А) Интенции.
Совет, убеждение.

Б) Лексика и грамматика
Приставочные глаголы с корнем –ВЛЕК(Ч)- УВЛЕКАТЬСЯ, РАЗВЛЕКАТЬСЯ, ПРИВЛЕКАТЬ
ИГРАТЬ во что, на чём, ЗАНИМАТЬСЯ чем, КАТАТЬСЯ на чём.

Упр. 1. Прочитайте предложения. Обратите внимание, как можно дать совет и попытаться убедить.

1. Мой вам совет: гуляйте побольше! Ведите здоровый образ жизни!

2. Возьмите себе за правило: не сидите за компьютером всю ночь!

3. Послушайся моего совета: тебе нужно заняться спортом!

4. Моё мнение: поезжайте на море и отдохните!

5. Послушай меня: хватит жаловаться на жизнь!

6. Я советую ходить в горы и дышать свежим воздухом.

Упр. 2. Пользуясь выражениями из предыдущего упражнения дайте советы.

1. Ваш друг весит 100 кг.
2. Ваш друг курит.
3. Ваш друг не занимается, хотя скоро экзамены.
4. У вашего папы всё время болит голова.
5. Ваша мама очень устала.
6. У вашего друга всегда плохое настроение.
7. Вашему другу трудно найти время на отдых.
8. У вашей подруги нет времени на то, чтобы развлечься.
9. У вашей старшей сестры депрессия, она рассталась с молодым человеком.
10. Ваша младшая сестра каждый вечер плачет.

Упр. 3. Вставьте глаголы ПРИВЛЕКАТЬ, УВЛЕКАТЬСЯ, РАЗВЛЕКАТЬСЯ и отглагольные существительные, образованные от этих глаголов РАЗВЛЕЧЕНИЕ, УВЛЕЧЕНИЕ, соответствующие смыслу предложения.

1. Меня совсем не .... отдых на даче. Скучно!

2. Хочешь ....? Пойдём в кино!

3. Компьютерные игры – это модное ....

4. Он .... современной музыкой.

5. Молодые люди любят ....

6. Самое лучшее .... это пойти на дискотеку.

Упр. 4. Составьте и запишите рассказ о фильме, который вам понравился. Убедите своих друзей посмотреть этот фильм.

Слова и выражения для справок:

ПРОИЗВОДИТЬ –ПРОИЗВЕСТИ ГЛУБОКОЕ (СИЛЬНОЕ) ВПЕЧАТЛЕНИЕ ПОРАЖАТЬ-ПОРАЗИТЬ чем.

МОЙ ВАМ СОВЕТ

СХОДИТЕ, НЕ ПОЖАЛЕЕТЕ!

단어와 표현 보기)

깊은(강한) 감명을 주다.

~으로 가격하다.

당신에게 주는 나의 조언

후회말고 다녀오세요.

....

....

....

....

....

Упр. 5. Прочитайте слова и выражения. Распределите их в соответствии с данными ниже глаголами. Составьте и запишите предложения с полученными словосочетаниями.

ПИАНИНО, ФУТБОЛ, КАНОЭ, БИЛЛИАРД, РОЛИКИ, КАРАТЭ, ТЕННИС, СКРИПКА, ФЛЕЙТА, БАСКЕТБОЛ, ВЕЛОСИПЕД, АЭРОБИКА, БЕЙСБОЛ, ГОРНЫЙ ВЕЛОСИПЕД, ВИНДСЁРФИНГ, ГОРНЫЕ ЛЫЖИ, ТЭКВАНДО, КОМПЬЮТЕРНЫЕ ИГРЫ, ЛОШАДЬ, АЛЬПИНИЗМ, ЙОГА, МАУНТИН БАЙКИНГ, ФРИ ДАЙВИНГ.

Играть во что?	
Играть на чём?	
Заниматься, увлекаться, интересоваться чем?	
Кататься на чём?	

....

....

....

....

....

....

Упр. 6. Напишите, что значат данные глаголы. Заполните таблицу антонимов, составьте с ними предложения.

Образец:

Облысеть – стать лысым.

Похудеть, поглупеть, обеднеть, поумнеть, помолодеть, растолстеть, разбогатеть, постареть.

Похудеть – стать худым	Растолстеть – стать толстым

Часть 5. Аудирование

1. Слушайте диалоги, выберите правильный вариант ответа.

1	В путешествии всегда не хватает	А) вещей Б) денег В) времени
2	Клиент турфирмы звонит, чтобы	А) поблагодарить за хорошую работу Б) заказать ещё один тур В) сказать, что он не доволен
3	Туристы были	А) в Китае Б) во Франции В) в России
4	Он считает, что футбол - это	А) интересная игра Б) полезное занятие В) вредно для здоровья и глупо
5	У них есть время	А) на работу и на развлечения Б) на семью и работу В) на семью и развлечения
6	Они разговаривают	А) дома Б) на улице В) в кафе

1) – Чтоглавное,когдавысобираетесьвпутешествие?

– Главное – брать в два раза меньше вещей и в два раза больше денег.

2) Звонок в турфирму:

– У вас горящие туры есть?

– Да, да!!!

– Так вам и надо!!!

3) – Привет, как отдохнули?

– Прекрасно!

– Много гуляли по набережным Сены, были в Лувре, видели Эйфелеву башню...

4) Что такое футбол? Это когда двадцать два человека не пьют, не курят, следят за здоровьем и постоянно занимаются спортом. А тысячи других людей за них болеют, пьют, курят и портят нервы и здоровье друг другу.

5) – Мы так редко видимся!

– Ты думаешь, мы можем встречаться чаще?

– Наверное, это невозможно. У тебя семья. У меня работа.

– Да, развлекаться некогда, к сожалению.

6) – Вам нравится эта музыка?

– Какая музыка?

– Вы не слышите? На улице играет музыка, наверное, это джаз-оркестр. Он всегда играет здесь, когда тепло. Как приятно!

– А мне больше нравится рок-музыка. Вот принесли ваш кофе. Угощайтесь!

2. Диалог – ваша реплика.

– У меня всё время плохое настроение, что делать?

....

– Что интересного есть в Пусане? Куда пойти в первую очередь?

....

Часть 6. Говорение

1. Разыграйте шуточный диалог. Задайте вопросы. Идёт турист по лесу, навстречу ему медведь. Медведь спрашивает:

– Ты кто?

– Я турист.

– Нет, это я турист, а ты завтрак туриста.

Вопрос: Как вы думаете, путешествие туриста закончилось удачно? Почему?

2. Вы пришли в турагенство. Вы хотите поехать в туристическую поездку по России. Составьте, запишите и разыграйте диалог с агентом, употребляя следующие выражения:

Я УВЛЕКАЮСЬ ЧЕМ , поэтому Я ХОТЕЛ(А) БЫ ПОБЫВАТЬ ГДЕ.
МЕНЯ НЕ ПРИВЛЕКАЕТ ЧТО, поэтому Я ХОТЕЛ(А) БЫ ....

....

....

....

3. Идея – ваше мнение. Прочитайте высказывания, данные ниже, выскажите своё мнение.

K-pop – это музыка для подростков.

Видеть и делать новое – это самое большое развлечение.

«К кино нужно относиться не как к куску жизни, а как к куску торта». А. Хичхок

Истинный характер человека можно определить по тому, как он развлекается.

Часть 7. Тесты

1. Скажите «да-нет»

1) Русским молодым людям нравятся экстремальные виды спорта (да-нет)
2) Компьютерные игры – это повальное увлечение русской молодёжи (да-нет)
3) В Москве нет караоке (да-нет)
4) В ночные клубы в России ходит в основном молодёжь (да-нет)
5) В России официально не запрещены азартные игры (да-нет)
6) Студенты и пенсионеры могут купить туры со скидкой.(да-нет)
7) В театры и выставочные залы в России в основном ходит старшее поколение (да-нет)
8) Бейсбол – это русский национальный вид спорта (да-нет)

2. Ответьте на вопросы.

1) Какие модные увлечения русской молодёжи вы знаете?

«аврал(전원집합경보)»란 무엇일까요?

2) Какая разница между «болельщиком» и «фанатом»?

«하얀급여»란 무엇일까요?

3) Что такое «бродилка» и «стрелялка»?

왜 러시아에서는 항상 현금을 갖고 있어야 할까요?

Урок № 14. Домашние питомцы («…Камин затоплю, буду пить, хорошо бы собаку купить» И.Бунин «Одиночество» 1903 г.)

제 14과. 반려동물 («…난로불도 지피고, 술도 마시고, 강아지도 사면 좋겠다» 이반 부닌 «고독»1903년 작)

Часть 1. Слова и выражения

Соба́чник 개애호가

Коша́тник 고양이 애호가

Относи́ться споко́йно (равноду́шно, безразли́чно) 우호적이다

Пти́чий ры́нок 장 (от слова «птица» - специальный рынок в Москве, где можно купить домашних питомцев и всё, что им нужно.)

*«새»라는 단어에서 기인하여, 모스크바에 있는 특이한 시장으로, 반려동물을 사거나 키우는데 필요한 모든 것을 구할 수 있다.

Сдыха́ть (о животных) 죽다

Корм 먹이

Зоомагази́н 반려동물상점

Крокоди́л (крокоди́льчик) 악어

Ры́бки (аква́риумные ры́бки) 물고기

Представля́ете? 상상이나 되세요?

Дома́шний пито́мец 반려동물

Заводи́ть дома́шнего пито́мца (кота́, соба́ку...) 반려동물을 분양받다

Держа́ть дома́шнего пито́мца (кота́, соба́ку...) 반려동물을 키우다

Ка́шлять 기침하다

Просту́живаться 감기에 걸리다

Ла́пы (동물의) 발

Го́рло 목, 인후

Бронхи́т 기관지염

Инъе́кции антибио́тика 항생제 주사

Витами́ны в табле́тках 비타민제

Ветерина́р 수의사

Ветерина́рная больни́ца 동물병원

Ветерина́рная апте́ка 동물약국

Уко́л 주사

И́споведь (女) 참회

Пре́данный друг 충실한 친구

Я про́сто души́ в них не ча́ю! 난 정말 그들을 몹시 사랑한다!

Лохма́тый 털이 많은, 복슬복슬한

Гла́дкий 반지르르한

Поро́дистая соба́ка 순수혈통의 개

Дворня́жка 잡종개

Оставля́ть в беде́ 불행하게 내버려두다

Понима́ть с полусло́ва 곧장 알아 차리다

Ра́доваться 기뻐하다

Пры́гать от сча́стья 기뻐 날뛰다

Виля́ть хвосто́м 꼬리를 흔들다

Лиза́ть ру́ки 손을 핥다

Зате́ивать (начина́ть) игру́ 놀이를 시작하다

Быть не в настрое́нии ~할 기분이 아니다

Устра́иваться 실망하다

Корми́ть 먹이다

Капри́зничать 어리광부리다

Са́мая заве́тная мечта́ 진정어린 염원

Подраста́ть (становиться старше) 성장하다

Щено́к (щено́чек) 강아지

Ку́рица 닭

У́тка 오리

Ло́шадь 말

Лягу́шка 개구리

Коро́ва 소

Овца́ 암양

Мышь 쥐

Черепа́ха 거북이

Попуга́й 앵무새

Мо́рда (동물의) 낯

Хвост 꼬리

Ла́пы (동물의) 발

Шерсть (동물의) 털

Вы́ставка ко́шек 고양이 박람회

Бродя́чая соба́ка 유기견

Соба́ки кру́пных поро́д 대형견

Поводо́к 말고삐

Намо́рдник 굴레

Соба́чий прию́т 유기견 보호소

Дома́шний люби́мец 애완동물

Часть 2. Диалоги.

1. – Пойдём в кино, мы давно собирались.
   – Нет, сегодня по телевизору «Планета собак».
   – Ах, да! Я совсем забыл, это же твоя любимая передача.
   – Я всегда смотрю, а ты?
   – Я больше люблю «Диалоги о животных». Ты ведь знаешь, я к собакам отношусь спокойно. Это у вас в семье все собачники.

2. – Вы куда?
   – На Птичий рынок. Алеша хочет новых рыбок. У нас две сдохли почему-то. И корм надо купить.
   – А почему на Птичий рынок? Это ведь очень далеко. Вон там, за углом, есть зоомагазин. Там всё есть: и корм, и рыбки.
   – Мы были там. Но, знаете, решили всё-таки на рынок съездить. Там так интересно! Кого там только нет! В зоопарк не надо ходить! В прошлый раз мы там видели маленьких крокодильчиков. Представляете?
   – Неужели кто-нибудь купит?

3. – Проходите, кладите вашего питомца вот сюда, на стол. Что у вас болит?
   – Доктор, моя кошка кашляет. Я так волнуюсь!
   – И когда это у вас началось?
   – Ну, наверное, две недели назад. Когда мы ездили на дачу, там было очень холодно. Может быть, она простудилась?

– Подержите ей лапы, я посмотрю горло.

– Ну что, доктор?

– У вашей кошки бронхит. Не удивляйтесь, у животных бывают те же болезни, что у людей.

– Что же тут удивительного! Моя Мурыся почти как человек, она всё понимает, только не говорит по-человечески. Ну, что, Мурысенька, будем лечиться?

– Да, я выписал вам инъекции антибиотика и витамины в таблетках. Всё это можно купить в ветеринарной аптеке. Когда сделаете пять уколов, приходите ещё раз.

Часть 3. Текст

ИСПОВЕДЬ СОБАЧНИКА

Я очень люблю собак. Просто души в них не чаю! Всяких. И маленьких и больших, и лохматых и гладких, и породистых собак, и дворняжек. Они такие милые, пушистые и добрые! Просто прелесть! Чудо! Собака – это твой самый преданный друг. Собака никогда не оставит тебя в беде. С ней никогда не скучно. Она понимает тебя с полуслова. Она ждёт тебя. А как она радуется, когда ты приходишь домой! Она прыгает от счастья, виляет хвостом и лижет твои руки. С ней можно затеять любую игру, и она никогда не скажет тебе: «Сегодня я не в настроении!» или «Давай потом!». А если ты хочешь смотреть телевизор, она устроится рядом, а ты можешь положить на неё свои ноги. Если ты забудешь её покормить, она не рассердится на тебя! А если вдруг заболеет, то не будет капризничать. Так приятно кормить её и заботиться о ней.

Собака – эта моя самая заветная мечта. Я уже два года прошу маму купить мне хоть какую-нибудь собачку. Но она говорит: «Подрасти немного! Вот исполнится тебе шесть лет, тогда, может быть, мы подарим тебе щеночка на день рождения.»

Часть 4. Упражнения

А) Интенции.

Выражение восхищения.

ПРЕЛЕСТЬ! ПРОСТО ЧУДО! ФАНТАСТИКА!

ЧТО УЖ ТУТ ГОВОРИТЬ О КОМ (ЧЁМ), И ПОДАВНО!

– тем более.

ИК-5

Б) Лексика и грамматика

Суффиксы –ОНОК, -ЁНОК. Виды глагола. Выражение значения начала действия. ПЕТЬ-ЗАПЕТЬ, ПРЫГАТЬ-ЗАПРЫГАТЬ, ГОВОРИТЬ -ЗАГОВОРИТЬ, ПИЩАТЬ-ЗАПИЩАТЬ

Выражения типа У МЕНЯ У СОБАКИ ПРОБЛЕМА

Упр. 1. Образуйте существительные со значением «маленькое существо». Выразите восхищение, используя словосочетание КАКОЙ……….! Следите за интонацией (ИК-5)

***Образец**: кошка – котЁНОК – котЯТа*

Какой котёнок! Какие котята!

1. Курица – цыпл ...., ...

....

2. Утка – ут................................, ...

....

3. Лошадь – жереб................................, ...

....

4. Лягушка – лягуш................................, ...

....

5. Корова – тел................................, ...

....

6. Овца – ягн................................, ...

....

7. Мышь – мыш................................, ...

....

Упр. 2. Выразите восхищение и умиление при виде маленького существа. Запишите полученные высказывания.

***Образец**:*

Нос (носик) – Какой у него носик! Прелесть! Просто чудо!

1. Морда (мордочка)

....

2. Хвост (хвостик)

....

3. Лапы (лапки)

....

4. Шерсть (шёрстка)

....

5. Уши (ушки)

....

6. Глаза (глазки)

....

7. Спина (спинка)

....

8. Живот (животик)

....

Упр. 3. Составьте и запишите предложения, заменив ДАЖЕ............ ТЕМ БОЛЕЕ на ДАЖЕ............ ЧТО УЖ ТУТ ГОВОРИТЬ О...........

Образец:

Даже *взрослые любят домашних животных,* ***тем более*** *– дети.*

Даже *взрослые любят домашних животных,* ***что уж тут говорить*** *о детях.*

Даже *взрослые любят домашних животных, а дети –* ***и подавно!***

1.Даже кошки любят играть, тем более маленькие дети.

....

....

2. Чтобы избавиться от одиночества, он бы с удовольствием купил даже попугая, тем более собаку.

....

....

3. Даже пожилым людям нравятся собаки крупных пород, тем более молодёжи.

....

....

4. Даже у животных бывает плохое настроение, тем более у людей.

....

....

5. Мой друг будет счастлив, если поедет в Москву даже на месяц, тем более на год.

....

....

6. Даже русские боятся медведей, тем более корейцы.

....

....

Упр. 4. Скажите о начале действия или состояния. Следите за употреблением приставки ЗА-

1. Этот попугай не умел говорить. И вдруг он .... (говорить-заговорить)

2. Взошло солнце и .... птицы. (петь-запеть)

3. Собака отошла к кормушке. Щенята .... и .... (мерзнуть-замерзнуть, пищать-запищать)

4. Вечером стало прохладно и по дорожкам .... лягушки (прыгать-запрыгать).

5. Моя кошка простудилась и .... (болеть -заболеть)

6. Он долго молчал и наконец .... (говорить -заговорить)

Упр. 5. Измените предложения по образцу.

Образец: *У моей собаки проблема.*

У меня у собаки *проблема.*

1. В моём компьютере вирус.
2. В нашем доме мало места.
3. У нашей кошки есть три котёнка.
4. В нашем городе есть красивый парк.
5. В нашей стране много рек.
6. В моём университете хорошие преподаватели.
7. У моей мамы не работает телевизор.
8. У моего брата новая машина.

Упр. 6. Соедините слова правого и левого столбиков, чтобы получились правильные сравнения. Скажите, какие свойства и состояния человека в русском языке ассоциируются с теми или иными животными (см. третий столбик).

Образец:

Осёл – символ упрямства. Русские говорят: ***упрямый, как осёл.***

Волк ассоциируется с чувством голода. Русские говорят: ***голодный, как волк***.

0

Он устал, как	осёл	усталость
Он работает, как	заяц	способность работать до изнеможения
Он упрямый, как	волк	упрямство
Он трудолюбивый, как	лошадь	трудолюбие
Он трусливый, как	удав	трусость
Он голодный, как	сова	голод
Он грязный, как	рыба	неаккуратность
Он довольный, как	муравей	удовлетворение
Он спокойный, как	собака	спокойствие
Он мудрый, как	лисица	мудрость
Он болтливый, как	соловей	болтливость
Он молчит, как	свинья	молчаливость
Он ловкий, как	сто свиней	ловкость
Он вертится, как	голубь	способность быстро и одновременно делать много дел
Он выносливый, как	сурок	выносливость
Он хитрый, как	сивый мерин	хитрость
Он врёт, как	обезьяна	лживость
Он надутый, как	павлин	самодовольство, напыщенность
Огромный, как	сорока	большие размеры
Он вырядился, как	слон	любовь к яркой и безвкусной одежде
Он поёт, как	индюк	хороший голос
Он спит, как	верблюд	способность крепко спать
Он кроткий, как	белка в колесе	кротость

Часть 5. Аудирование

1.Слушайте диалоги, выберите правильный вариант ответа.

1	Марина и Наташа	А) собачницы Б) кошатницы В) футбольные болельщицы
2	Собака, которая заболела,	А) очень большая Б) очень маленькая В) очень хитрая
3	Домашние животные нужны, чтобы люди могли	А) отдыхать Б) быть вежливыми В) открыто и искренно выражать свои чувства
4	Кто с кем разговаривает?	А) маленькая собака с маленькой кошкой Б) маленькая собака с маленькой собакой В) маленькая кошка с маленькой кошкой
5	Владельцы собак считают, что их собаки	А) самые умные Б) самые послушные В) самые красивые
6	Они встретили Андрея	А) на выставке кактусов Б) на выставке картин В) на выставке кошек

1) – Антон приглашал нас в гости. Может, пойдём?

– А кто ещё там будет?

– Марина и Наташа.

– Марина и Наташа? Они всё время говорят о кошках. Я не хочу слушать истории о кошках весь вечер.

2) – Подожди минуту, мне надо позвонить.

– Кому?

– Ветеринару. Хочу посоветоваться. У меня у собаки проблема. Она ничего не ест, не хочет гулять, всё время лежит.

– Он тебе скажет, что хочет видеть пациента. Лучше привезти собаку в клинику.

– Ты же знаешь, у меня машина в ремонте.

3) Прихожу домой. Вижу отца: «Привет, пап!». Вижу маму: «Привет, мам!». Вижу сестру: «Привет!». Вижу кошку: «О, БОЖЕ МОЙ! Я ТАК ПО ТЕБЕ СОСКУЧИЛСЯ! ПРИВЕТ, ПРИВЕТ, МОЯ ЛЮБИИИИМАЯ!»

4) Встретились два щенка.

– Гав, - говорит первый щенок.

– Мяу, - отвечает второй щенок.

– Ты что, с ума сошёл? - спрашивает первый щенок.

– Нет, иностранный язык изучаю!

5) – Какая у вас красивая собака! Просто прелесть! Она, наверное, умная?

– Ещё бы! Вчера вечером во время прогулки я сказал ей: «Кажется, мы что-то забыли». И что вы думаете она сделала?

– Наверное, побежала домой и принесла эту вещь?

– Нет, она села и стала думать, что это могло бы быть...

6. – Сегодня был такой интересный день! -Правда? А что вы делали?

– Вы ездили на кошачью выставку. Там были кошки из Англии и Германии. Очень красивые. Просто чудо!

– Здорово!

– И ещё мы встретили там Андрея, он тоже кошатник.

2. Ситуация – ваша реакция.

Ваш знакомый нашёл на улице бродячую собаку. Собака грязная и больная. Он хочет взять её к себе. Что вы ему скажете?

....

....

У вашего друга есть необычный домашний питомец – огромный паук. Друг уезжает в Россию на полгода и просит вас позаботиться о нём. Что вы ему скажете?

....

....

Часть 6. Говорение

1. Разыграйте шуточный диалог. Задайте вопрос.

Возвращается муж с рыбалки, тихо открывает дверь, и шёпотом у жены спрашивает:
– Кот дома?
– Заходи, не бойся, я ему в магазине рыбу купила…

Вопрос: Муж поймал рыбу?

2. Идея – ваше мнение. Прочитайте высказывания, данные ниже, выскажите своё мнение.

Хорошо, когда в доме есть домашнее животное.
Если вам надоело быть хозяином у себя дома, заведите кота.
Когда в доме много домашних питомцев, сердце у детей растёт быстрее, чем они сами.
Не надо заводить себе животных. Зачем страдать, когда они умирают?

Часть 7. Тесты

1. Скажите «да»-«нет».

1) В российских городах можно увидеть бродячих собак и кошек. (да-нет)
2) Русские не любят кошек. (да-нет)

3) Русские считают, что, если в доме маленький ребенок, то очень хорошо купить ему котёнка или щенка (да-нет)
4) Русские любят собак крупных пород. (да-нет)
5) В парках и на улицах российских городов большие собаки всегда гуляют на поводке и в наморднике. (да-нет)
6) Некоторые любители аквариумных рыбок превращают свою квартиру в аквариум. (да-нет)
7) Довольно часто у русских дома можно увидеть черепаху или попугая. (да-нет)
8) В Москве и Петербурге нет гостиниц для собак (да-нет)

2. Ответьте на вопросы.

1) Кто такие «собачники» и «кошатники»?

«собачники»과 «кошатники»은 누구일까요?

2) Что такое собачий приют?

유기견 보호소란 무엇인가?

3) Что такое Птичий рынок?

새시장이란 무엇인가?

ПРИЛОЖЕНИЕ

Фразы для ведения беседы

1. Я вас очень внимательно слушаю.

   Я вас слушал(а) с очень большим интересом.

   (나는) 당신 이야기를 귀기울여 듣고 있습니다.

   (나는) 당신 이야기는 아주 흥미로왔습니다.

2. Извините, как (что) вы сказали? Я не понял (а).

   Повторите ещё раз!

   실례합니다만 뭐라고 하셨습니까? 이해하지 못했습니다. 한번 더 말씀해 주세요!

3. Охотно отвечу на ваш вопрос. Насколько я знаю,... Насколько мне известно,.... Если я не ошибаюсь.... Если я вас правильно понял (а)...

   성실히 당신의 물음에 대답하겠습니다./ 제가 아는 바로는… 하다 (---를 내가 안다)/ 제가 아는 바로는… 하다/ 만약 내 말이 맞다면, …..하다. 제가 당신 말을 바로 이해했다면,… 하다.

4. Я (много) думал(а) об этом, и сделал(а) (такой) вывод.

   나는 이것에 대해 (많이) 생각했고, (이런) 결론을 냈습니다.

5. Я где-то (от кого-то) слышал(а), что... Я где-то читал(а), что.... Мне говорили (кто-то говорил), что...

   저는 어디선가 (누구에겐가) … 을 들었습니다. 저는 어디선가 ….을 읽었습니다. 누군가 저에게 …을 말해줬습니다.

6. Откровенно говоря,... Если говорить прямо,...

….을 솔직히 말씀드리자면/ 만약 직접적으로 이야기한다면, ….이다.

7. Это не простой вопрос, дайте мне подумать... (Совершенно) не знаю, как (что) ответить на этот вопрос. Дайте подумать (вспомнить)...

이것은 단순한 문제가 아닙니다/ …를 생각할 시간을 (저에게) 주세요/ 이 질문에 대해 어떻게 (무엇을) 대답해야할지 (전혀) 모르겠습니다/… 를 생각할 시간을 주세요.

8. Это (так) (в жизни) (не) бывает. Такого не бывает.

(살면서) 이런 일이 생기기도 한다 (안생긴다)/ 이런 것(일)은 있을 수 없다.

9. Из каждого правила бывают (есть) исключения.

법칙에도 예외는 있다.

10. Я об этом серьёзно не думал(а). Я далёк (а) от этого. К сожалению, конкретно сказать ничего не могу.

나는 이것을 심각하게 (신중하게) 생각하지 않았다. 난 이것과 거리가 멀다. 유감스럽지만 그 어떤 것에 관해서ㄷ도 구체적으로 말할 수 없다.

11. У нас не принято публично об этом говорить (обсуждать такие темы).

이것을 공개적으로 말하는 것이(이 주제를 논의하는 것이)
(우리 사회에서) 통용되지 않는다.

12. Скажу вам по секрету...

…을 당신에게만 말하는 겁니다.

13. Это большой секрет. Не буду его раскрывать.
이건 절대 (1급) 비밀입니다. (저는) 비밀을 공개하지 않겠습니다.

14. Бывает и так, и так. С одной стороны,... С другой стороны,... И то, и другое правильно. Обе стороны правы.
이 방법도 저 방법도 (여러가지 방법) 있습니다/ 한편으로는…., 다른 한편으로는,…/ 이것도 저것도 맞다. 양측이 다 옳다.

15. Приведу пример. Я (не) могу привести пример.
(내가) 예를 들다. 제가 예를 들 수 있습니다.

16. Это неразрешимый вопрос.
이것은 풀기 어려운 문제 (질문)이다.

17. И то, и другое крайности. Нужно искать «золотую середину».
이것도 저것도 너무 극단적입니다. 적당한 것을 찾아야만 합니다.
(찾는 것이 필요합니다.)

18. Это спорно, неоднозначно.
이것은 논쟁의 여지가 있다, 복잡하다.

19. Я не буду сейчас с этим спорить.
(나는) 지금은 이것에 대해 논쟁하지 않겠습니다.

20. Не перебивайте меня, пожалуйста, дайте сказать.
내 말을 막지 마세요, 말하게 해주세요.

ИСПОЛЬЗОВАННАЯ ЛИТЕРАТУРА

Белянко О.Е., Трушина Л.Б. Русские с первого взгляда. Что принято и что не принято у русских. Книга для чтения и тренировки в коммуникации. Изд. 2-е, стереотипное. М., «Русский язык», 1996

Ковалев Ю.В., Панова М.Н. Когда мы отдыхаем… М., Русский язык, 1995

Можно? Нельзя? Практический минимум по культурной адаптации в русской среде. Вольская Н.П. и др. М., Русский язык, Курсы,2001.

Пилипов В. Тёща, деверь, шурин, зять… Эту книгу нужно взять! Русская родня. М.,2000.

КАК ПРАВИЛЬНО СКАЗАТЬ,
КАК УМЕСТНО ПОСТУПИТЬ

테마러시아어

초판 1쇄 인쇄 2015년 8월 25일
초판 1쇄 발행 2015년 8월 31일

저 자 니나 비노그라도바

발 행 인 김 기 섭
펴 낸 곳 부산대학교 출판부
주소–부산광역시 금정구 부산대학로63번길 2(장전동)
전화–(051) 510–1932~3
전송–(051) 512–7812
등록–제카 11-2 1992. 9. 10.

* 잘못된 책은 구입한 서점에서 교환해 드립니다.

정가 15,000원

ISBN 978-89-7316-503-2 93790